효령대군 영정

문화 군주 세종대왕의 형님 이야기

효령대군

이복규 지음

유아이북스

「책 머리에」

효령대군은 우리나라의 자랑스러운 문화 군주 세종을 있게 한 분이자 성종 때까지 장수하면서 국가와 왕실을 위해 힘쓴 어른입니다. 그러나 우리는 세종에 대해서는 잘 알고 있지만, 효령대군에 대해서는 모르는 게 많습니다. 심지어 스님이 되었다거나 후손을 두지 않았다고 아는 사람도 있습니다.

그동안 효령대군에 대한 책들이 출간되었지만, 너무 전문적이거나 자료집 성격의 것들뿐입니다. 게다가 한자로 표기되어서 요즘 독자가 읽기에는 부담스러웠던 게 사실입니다. 남녀노소 온 국민이 쉽고 재미있게 읽을 책이 따로 필요했습니다.

마침 대학에서 은퇴한 필자에게 새로운 효령대군 일대기를 써달라는 요청이 들어와 흔쾌히 집필을 시작하여 2024년 초에 한정판을 '비매품'으로 출간하였었습니다. 그리고 이번에 그 원고를 더 수정하고 보완하여 누구에게나 읽힐 수 있도록 일반용으로 다시 출간하게 되었습니다.

《조선왕조실록》,《청권집유》 등을 비롯하여 효령대군과 관련된 내용이 수록된 문헌들은 물론, 이완재 선생님의《실록 효령대군 일대기》와 여타 문헌들도 참고했습니다. 중3 수준의 독자가 이해하도록 서술했으며, 한글 표기를 원칙으로 하되 꼭 필요한 경우에는 단어 뒤에 한자를 병기했습니다.

효령대군은 91세까지 장수한 분이어서《조선왕조실록》에만 642건의 내용이 올라와 있습니다. 알려져 있듯이 조선시대에는 그 누구도 왕조실록의 내용을 볼 수 없었습니다. 따라서 조선왕조 당시에는 왕실 사람들조차도 효령대군의 생년월일 등 실록의 내용을 열람할 수 없었는데, 오늘날에는 실록 전체를 볼 수 있게 되어 그 행운을 마음껏 누렸습니다.

이들 문헌 가운데 효령대군을 이해하는 데 중요하다고 여겨지는 것, 즉 스토리텔링할 만한 것들만 선택하여 모두 16개의 장으로 이 책을 구성했습니다. 탄생에서부터 임종과 후일담 그리고 효령대군에 대한 오해와 진실까지, 다 읽고 나면 자연스럽게 효령대군이 어떻게 살았고 어떤 인물인지 알 수 있도록 했습니다. 맨 뒤에는 부록으로 효령대군 연보를 실었습니다.

또 삽화와 사진도 풍부하게 곁들였습니다. 영상에 익숙한 세대를 위해서 그런 것입니다. 언젠가는 이 일대기를 바탕으로 '영상으로 보는 효령대군'도 나와야 할 것입니다. 이 책은 사실을 바탕으로 약간의 인문학적 해석을 곁들인 것으로, 픽션을 가미한 스토리텔링이 뒤를 이어 등장해 주기를 희망합니다.

부디 이 책이 효령대군을 바로 알리는 데 도움이 되었으면 좋겠습니다. 그리고 여러 오해가 바로잡혔으면 합니다. 이 책이 나오도록 처음부터 끝까지 격려해 주신 청권사 이정일 전 이사장님과 유아이북스 임직원 여러분께 감사드립니다.

이복규

「차례」

1.
탄생과
유년 시절

1396년 병자년 12월 11일 음력에 개경 지금의 개성 정안군 훗날의 태종 이방원 궁에서 효령대군이 태어났습니다.

아버지 정안군과 어머니 여흥 민 씨 훗날의 원경왕후 의 둘째 아들로 태어난 효령대군은 형 양녕, 동생 충녕 세종 과는 두 살 터울이었습니다. 처음 이름은 호祜: 복 호 였고, 나중에 보補: 도울 보 로 바뀌었으며, 성년이 되어 주어진 자字 는 선숙善叔, 호號 는 연강蓮江 이었습니다.

효령대군이 태어난 1396년은 태조 이성계가 조선을 건국한 지 5년째 되는 해였습니다. 같은 달에 있었던 일은 효령대군의 일생과 관계가 있는 듯하여 주목할 만합니다. 건축 중이던 흥천사에 효령

태조대왕 이성계 어진

대군의 할아버지인 태조 이성계가 거둥하여 기술자들에게 음식을
준 일이 그것입니다.《조선왕조실록》의 기록은 이렇습니다.

흥천사 興天寺 에 거둥하여 공장 工匠 들에게 음식을 주다.

불교의 나라였던 고려를 무너뜨리고 새로 세워진 조선은 유교 국
가인데 임금이 절에 갔다니 어찌 된 일일까요? 흥천사는 태조가 사
랑했던 두 번째 부인 신덕왕후가 별세하자 그 묘가 있던 정릉 현재의
정동 덕수궁 옆에 지었던 절이었습니다. 홍건적과 왜구를 물리친 영
웅으로서 새로운 왕조를 시작한 태조였지만 부인의 영혼 문제는
유교로 해결할 수 없어 여전히 불교의 도움을 받았던 것입니다. 효
령대군은 평생 불교와 아주 친밀한 관계를 유지하였는데 어쩌면
이런 분위기의 영향도 받지 않았나 싶습니다.

또한 효령대군은 어릴 때부터 독서하기를 좋아하고 활쏘기를 잘
했습니다. 일찍이 부왕인 태종을 따라 평강 등지를 사냥하면서 다
섯 번 쏘아 다섯 번 다 적중하니 호위 무사들이 모두 감탄할 정도였
습니다.

독서는 물론 활쏘기도 좋아하고 잘했다는 사실은 효령대군이 문
무를 겸비한 실력자로서 어느 한쪽에 치우치지 않은 바람직한 사
람이었다는 것을 알 수 있게 합니다. 요즘 말로 하자면 실력과 인격
을 균형 있게 갖춘 분이라 하겠습니다.

양녕대군(10세)　　　　　　효령대군(8세)　　　　　　충녕대군(6세)

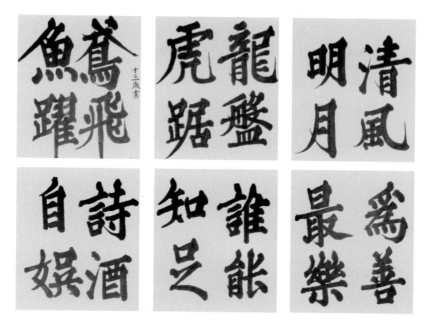

효령대군이 13세 무렵에 쓴 글씨

효령대군이 13세 무렵에 썼다고 전해지는 글씨를 보아도 독서하기를 좋아했다는 사실을 확인할 수 있습니다.

鳶飛魚躍 연비어약, 龍盤虎踞 용반호거, 淸風明月 청풍명월, 詩酒自娛 시주자오, 誰能知足 수능지족, 爲善最樂 위선최락

이 넉 자씩 모두 6구로 이루어진 글씨가 그것입니다. 뜻은 이렇습니다. "솔개가 날고 물고기가 뛴다. 용이 도사리고 호랑이가 웅크리고 앉았다. 맑은 바람과 밝은 달, 시와 술로 스스로 즐긴다. 누가 능히 만족함을 알까? 선을 행하는 것이 가장 큰 즐거움이다."

해서체로 된 이 글씨의 내용을 보면 13세 나이에 이미 학문적으로나 정신적으로 성숙했다는 것을 알 수 있습니다. 첫 구절인 "鳶飛魚躍연비어약"은 《시경》에 나오는 말입니다. 하늘 위에서는 솔개가

날고 물속에서는 물고기가 뛴다는 말은 이 세상의 모든 만물이 제 각기 우주의 이치에 순응하여 자연스럽게 살아가는 모습을 표현한 것입니다. 후대의 율곡 이이와 퇴계 이황도 즐겨 인용했을 만큼 아주 심오한 경지를 담은 글입니다.

5번째 "誰能知足수능지족"도 의미심장한 구절입니다. "누가 능히 만족함을 알겠는가?"는 의문형으로 되어 있으나 사실은 강한 긍정입니다. 만족하는 사람이 없다는 말로서 오직 자기 한 사람만이 만족할 줄을 안다는 것입니다. "천상천하유아독존"이라는 석가모니의 말처럼 세상과 인생에 대한 절대적인 긍정의 자세를 보여주는 구절로 보입니다. 낙천적인 인생관을 잘 보여준다고 하겠습니다.

마지막 "爲善最樂 위선최락"은 어떤 일이 가장 즐겁냐는 후한 광무제의 물음에 그 아들 동평왕 유창이 대답한 말입니다. 《후한서》에 나오는 이 구절을 읽고 공감하여 글씨로 썼다 하겠습니다. 이 구절 역시 효령대군의 가치관이 어디를 지향했는지 알려줍니다. 인생의 목적 또는 가치는 부귀나 명예와 권세를 얻어 누리는 데 있지 않다는 선언입니다. 남한테 착한 행동을 하는 것이야말로 가장 큰 즐거움이요 행복이라는 말에 공감했다니 소년 시절부터 세속적인 욕망과는 거리를 두었다 하겠습니다. 효령대군이 유년 시절을 끝낼 무렵의 인품을 짐작하게 하는 당대의 기록이 있습니다. 변계량이 효령대군의 요청을 받아 '선숙 善叔'이라는 효령대군의 자 字가 어떤 뜻을 지녔는지 설명한 글인 〈자설 字說〉에 나오는 칭찬이 그것입니다.

내가 생각건대, 대군은 온화하고 아담하며 문명한 자질로 효제충신 孝悌忠信 : 효도, 우애, 충성, 신의 의 행실을 돈독히 하시었다. 높은 지위에 있으면서도 학문을 좋아하시어 게을리 아니하며 자기 자신을 낮춤으로써 스스로 그 덕을 길러 털끝만큼도 교만함과 과장하는 빛이 없으시다. 아아! 어질도다. 그런데도 오히려 만족하지 않으시고 내게 말을 구하여 스스로 경계코자 하시니 옛사람이 이른바 "높은 이는 겸손함으로써 더욱 빛난다"라고 한 것과 또 "자기보다 못한 사람에게 묻는 것을 부끄러워하지 않는다"라고 한 것이 바로 대군을 두고 한 말인가? 대군의 나이 30이 못 되어서 그 학문과 덕성의 아름다움이 이와 같으니, 후일에 성취할 바를 어찌 짐작할 수 없겠는가!

온화하고 아담하였으며 효제충신, 즉 효도, 우애, 충성, 신의의 행실이 돈독하다고 했습니다. 요즘 말로 표현하자면 사람답게 살았다는 말입니다. 학문을 좋아했으며 겸손하고 어질기도 하여 장래가 촉망된다고 하였습니다. 남자 나이 15~20세에 관례를 행하면서 자字를 지어주는 게 예법의 규정이었으니, 효령대군의 이 같은 성품과 행실은 당시에 이미 소문이 나지 않았을까 싶습니다.

여기서 효령대군 형제의 군호 君號 : 임금이 왕자를 '군'으로 봉할 때 내리던 칭호와 본명에 대해서도 생각해 볼까요? 앞에서 말했듯 효령대군의 군호는 효령孝寧이고 다른 형제들의 군호는 양녕讓寧, 충녕忠寧, 성녕誠寧이었습니다. '녕寧'을 항렬자로 삼았다는 것을 알 수 있습니다.

한편 효령대군의 본명은 처음에는 호祜: 복 호였다가 나중에 보補: 도울 보로 바뀌었고, 형제인 양녕, 충녕의 휘자 역시 보일 시示 변인 禔편안할/복 제와 裪복 도였습니다. 성녕대군을 비롯한 다른 모든 동복형제와 이복형제의 본명도 시示가 들어가는 한자로 되어 있고 군호와 마찬가지로 항렬자를 유지하고 있습니다.

효령대군을 비롯한 형제들의 본명은 몹시 어려운 한자들로 쓰인 글자인데 흔히 벽자라고 부르는 글자들입니다.

왜 이렇게 어려운 글자로 사용했을까요? 바로 우리의 이름 문화 때문인데 이른바 피휘법避諱法 전통이 그것입니다. 선왕先王 성인 선조의 이름자를 공경한 나머지 차마 그 글자를 함부로 읽거나 다른 데 쓰지 못하는 관습을 말합니다. 우리가 아버지의 함자를 거론할 때 꼬박꼬박 "○자, ○자"라고 표현하는 것도 바로 이 피휘법에 따른 것입니다. 이는 서양에는 없는 문화입니다. 서양에서는 필립 1세, 2세, 엘리자베스 1세, 엘리자베스 2세 등 선왕의 이름을 그대로 쓰고 있어 우리와는 다릅니다. 미국 조지 부시 대통령 부자의 경우 아버지와 아들 이름이 똑같습니다. 우리로서는 상상할 수 없는 일입니다.

孝寧 효령

우리나라에서는 고려 때부터 피휘법이 등장했는데《삼국유사》에서 그 사례를 찾아볼 수 있습니다. 堯높을요라고 적어야 할 자리에 高높을고를 대신 넣었습니다. 이유는 고려 정종의 이름이 堯요였기 때문에 뜻이 같은 '高고'를 쓴 것입니다. 원래는 治다스릴치로 써야 맞는데 理이치리로 대치한 것은 고려 성종의 이름이 治치였기 때문에 그런 것입니다. 이런 전통이 조선에도 이어졌습니다.

　제4대 세종의 도裪, 제5대 문종의 향珦, 제7대 세조의 유瑈, 제8대 예종의 황晄을 비롯해, 제22대 정조의 산祘, 제25대 철종의 변昪, 마지막 왕인 제27대 순종의 척坧까지 이 원칙을 고수하여, 희한한 벽자들을 골라서 이름을 지었습니다. 더 흥미로운 점은 왕위에 등극하기 전에는 벽자가 아니었으나, 등극 후에는 벽자로 고친다는 점입니다. 세조의 큰아들 덕종은 원래의 이름이 숭崇이었으나 세조가 단종을 제거하고 왕위에 오르자 장暲으로, 선조도 원래 균鈞이었으나 등극 후 연昖으로 바꾸었습니다. 고종도 아명이 명복命福이고 이름이 재황載晃이었으나 등극하자 희㷩로 개명했습니다.

　왜 조선은 국왕들의 이름을 벽자로 짓거나 등극 후 개명했을까요? 이는 왕의 이름자는 뒷사람들이 쓸 수 없기 때문에 백성의 부담을 줄여주기 위한 배려였습니다. 국왕의 휘자는 그렇다고 쳐도 왕자들의 이름까지 벽자로 지은 까닭은 무엇일까요? 기록이 없어서 추정할 수밖에 없지만 덕종, 선조, 고종의 휘자가 등극 후 벽자로 바뀐 사례를 보면 짐작되는 바가 있습니다. 이분들은 왕위계승

원칙으로 볼 때는 왕이 될 수 없었습니다. 적장자가 아니라서 왕위와는 거리가 있었으나 적장자가 없거나 정변 같은 비상 상황이 발생하여 갑자기 왕이 되거나 왕으로 추존되면서 휘자가 피휘법에 따라 벽자로 변경된 경우입니다. 영조의 경우도 마찬가지입니다. 경종이 급서하자 갑작스럽게 후계자로 옹립되어 등극했습니다. 왕손이면 언제든 왕위에 오를 수 있는 것입니다.

　태종의 아들 12명, 세종의 아들 15명, 성종의 아들 16명까지 각각 이름을 보면, 철저하게 벽자를 활용해 항렬자로 지었습니다. 장자인 세자만 벽자로 지어도 되련만 모조리 벽자로 짓고 같은 항렬이 되도록 일정한 부수자를 공유하게 한 까닭은 무엇일까요? 바로 위에서 추정한 대로 모든 왕자는 잠재적인 왕이므로 이루어진 조처라고 보입니다. 태종의 네 아들 가운데 셋째였던 충녕대군褈복도 은 폐세자가 된 첫째 형 양녕대군禔복제 을 대신해 등극하였습니다. 둘째인 효령대군도 얼마든지 세자로 책봉되어 왕위에 오를 수도 있었습니다. 이렇게 왕자들은 언제든 왕이 될 수도 있는 인물들이므로 사후에 개명할 필요 없이 아예 처음부터 벽자로 지었던 것이 아닌가 합니다. 실제로 형제 안에서 왕이 복수로 등장하기도 하였습니다.

청권사

조선 3대 임금 태종의 차남이자 4대 임금 세종의 둘째형 효령대군 이보의 묘소 및 사당

2.
효성스러운
아들

효령대군孝寧大君을 상징하는 글자가 있습니다. '효도 효孝' 자입
니다. 왕자로서의 이름군명을 지을 때 '효령孝寧'이라 한 데서 잘 알
수 있습니다. 12세 때 '효령군'으로 봉해졌는데 부모에 대한 효행
이 인상적이어서 그렇게 지었을 것입니다. 별세 후에 지어준 시호
가 '정효공靖孝公'인데 여기에도 '효'자가 들어 있습니다. 시호 풀이
를 해보면 "지혜롭게 부모를 사랑하고 공경한 것을 효孝라고 하였
다"라고 하니 효령대군이 평생 부모님에 대한 효성이 얼마나 지극
한 분이었는지 짐작할 만합니다.

과연 그럴까요? 먼저 어머니가 말년에 편찮으셨을 때의 효행이
《조선왕조실록》에 나와 있습니다.

《세종실록》 8권, 세종 2년 6월 13일

상왕太宗이 남모르게 피병소避病所에 거둥하여 대비의 병을 보고, 바깥 행랑에 나아가 오찬을 갖추어 임금과 양녕·효령에게 먹기를 권하고 원숙을 불러 말하였다. 중략

상왕이 말하였다.

"네가 내 말을 나가 이렇게 말하라. '대비의 병이 확실히 학질인즉 의심할 것이 없고, 근일에 둔갑으로 피하는 방법도 종시 효험이 없기로, 이에 사람들을 왕래하게 한 것이다. 대비는 성녕誠寧 대군이 죽은 뒤로부터 상심하고 슬퍼하여 먹지를 않더니, 오늘에 이르러 그 위에 학질에 걸려서 파리하고 쇠약함이 더욱 심하나, 그러나 말하는 것과 안색은 여전하였다'고 하라."

이 기록을 보면 효령대군의 모친인 대비가 학질을 앓고 있을 때의 일입니다. 넷째 아들 성녕대군이 이른 나이에 사망하자 그 슬픔 때문에 대비가 밥도 먹지 않다가 그만 학질에 걸려 매우 쇠약해졌다고 했습니다. 그런데 태종이 "양녕·효령에게 먹기를 권하였다"라고 한 것을 보면 효령대군이 양녕대군과 함께 먹지도 않고 간호하거나 걱정하고 있었다는 것을 알 수 있습니다. 부친인 태종이 먹

으라고 권한 것을 보면 그대로 두면 몸을 상할 정도였던 듯합니다.

살기 위해서는 반드시 먹어야 합니다. 그런데도 먹지 않았다는 것은 자신의 생명을 돌보지 않고 모친이 병에서 치유되기를 위해 정성을 다했다는 것을 의미합니다. 이른바 금식 기도가 바로 그런 뜻을 지닌 기도입니다. 모친을 향한 효령대군의 효심이 얼마나 진정성을 가졌는지 보여주는 대목입니다.

효령대군은 어머니만이 아니라 아버지에 대해서도 효성이 남달랐다는 것이 〈졸기卒記〉에 나타나 있습니다. 졸기는 '죽은 사람에 대한 세상과 자신의 평가를 적은 글'로서 효령대군 별세 후 사관이 기록한 것입니다. 그 가운데 이런 대목이 있습니다.

《성종실록》 191권, 성종 17년 5월 11일

태종이 일찍이 편치 않으므로 이보李補가 몸소 탕약湯藥을 써서 조금도 게을리하지 않으니, 태종이 가상히 여겨 특별히 노비를 내려 주었다.

《조선왕조실록》에까지 올라와 있는 것을 보면 효령대군의 효행은 특별했던 듯합니다. 남이 만들어 놓은 탕약이 아니라 몸소 지은 탕약을 쓰되 조금도 게을리하지 않았다고 했습니다. 누구나 이렇게

하지는 않았기에 기록했겠다고 여겨집니다. 요즘 말로 하면 남에게 대행시키거나 배달 물품이 아니라 직접 자신의 지식과 시간, 마음까지 다한 간호였다고 하겠습니다. 그랬기에 아버지 태종이 고마운 나머지 특별상을 내렸다고 생각됩니다.

조선에서 효는 가장 중요한 덕목이었습니다. 충과 열도 강조했지만 효가 가장 으뜸이었습니다. 임금이라면 마땅히 효행에서도 모범이기를 요구하였습니다. 연산군과 광해군이 왕위를 유지하지 못하고 쫓겨난 이유도 이것입니다. 불효를 저지르는 순간 임금의 자격을 잃은 것으로 간주해 왕의 자리에서 내려오게 하였습니다. 효령대군은 비록 임금은 아니었지만 그 당시 최고의 가치인 효를 실천했다는 점에서 추앙받을 만합니다.

3.
동생 세종과의
우애

효령대군은 우애의 상징이기도 합니다. 형제간의 우애가 아주 좋았습니다. 세자 자리를 양보한 일이 그 대표적인 사례로 우애의 극치를 보여줍니다. 권력욕은 무서운 것인데 이를 극복하고 양보했으니 미덕이 아닐 수 없습니다. 이와 관련한《연려실기술》의 기록은 다음과 같습니다.

처음에 양녕이 미친 체하고 방랑하니 효령대군이 장차 그가 폐위될 것이라 짐작하고, 깊이 들어앉아 삼가고 꿇어앉아 글을 읽었다. 이는 양녕이 폐위되면 다음 차례로 세자가 될 것이라고 생각했기 때문이다. 양녕이 지나다가 들어와서 발로 차면서 말하기를, "어리석다. 너는 충녕에게 성덕이 있는 것을 알지 못하느냐" 하였더니, 효령이 크게 깨닫고 곧 뒷문으로 나가 절간으로 뛰어가서는 두 손으로 북 하나를 종일 두드려 북 가죽이 부풀어 늘어났다. 지금까지 세속에서는 부드럽고 늘어진 것을 보고, "효령대군 북가죽이다" 하는 말이 전하여 온다.

이 기록을 따르면 양녕이 폐세자가 된 것은 스스로의 계획에 아래 이루어진 것입니다. "미친 체하고 방랑하니"라는 대목이 그것입니다. 장남인 자기보다 동생인 충녕이 더 왕의 재목이라 여겨서 그런 것입니다.

양녕이 폐세자가 되자 효령은 자신에게 왕위가 오리라 기대하고 "깊이 들어앉아 삼가고 꿇어앉아 글을 읽었다"고 합니다. 당연한 반응입니다. 국법상 장남이 아니면 차남으로 계승되기 때문이었습니다. 그러자 양녕이 찾아와 "어리석다. 너는 충녕에게 성덕이 있는 것을 알지 못하느냐?"라며 일깨워 줍니다. 그제야 형의 마음을 알아챈 효령대군이 절에 가서 하루 종일 북을 두드림으로써 왕권에 대한 욕망을 깨끗이 비워냈고 마침내 충녕이 세자로 책봉될 수 있었습니다.

양녕과 효령이 동생한테 세자 자리를 양보한 일은 중국의 태백·우중 형제, 백이·숙제 형제와 비견되어 '동방의 태백·우중' 또는

'동방의 백이 · 숙제'로 일컬어지고 있습니다.

주나라 태왕의 장남이 태백이고 차남이 우중이었습니다. 그 아버지가 셋째인 계력에게 대권을 물려주려는 눈치를 챈 태백과 우중이 함께 3천 리 밖 외국으로 피신해 버림으로써 아버지의 계획대로 셋째에게 왕권이 넘어가 후대 주나라의 융성을 맞이하였습니다.

백이와 숙제는 누구일까요? 고죽국 세 왕자 중 첫째가 백이, 막내가 숙제였습니다. 아버지가 막내를 사랑하여 숙제에게 왕위를 물려주고 사망하자 형에게 다시 양보하려 하였으나 형이 사양하였습니다. 둘 다 양보하다 못해 함께 외국으로 피신해 버렸고 나라 사람들은 하는 수없이 둘째 아들을 왕으로 삼았다고 합니다.

중국에서 왕위를 양보한 태백과 우중, 백이와 숙제 형제처럼 우리나라에는 양녕과 효령이 있다고 하여 일찍부터 찬양해 마지않았습니다. 형제 우애가 권력욕을 앞선 매우 드문 사례라는 점에서 두고두고 기릴 만하다 하겠습니다.

충녕대군이 왕위에 오른 뒤 보여준 두 분의 우애도 감동적입니다. 《조선왕조실록》의 다음 기록이 그것입니다. 태평관에서 세종이 신하들과 더불어 중국 사신을 맞이할 때 있었던 일입니다.

전략 임금이 종친들에게 명하여 차례로 술을 돌리게 하였는데, 효령대군孝寧大君이 술을 돌릴 때에, 임금이 일어서서 술잔을 받았다. 사신이 말하였다.

"오늘은 자못 위로되니, 우리는 마음껏 마시고 사양하지 않겠습니다."

유시酉時에 환궁還宮하였다. 두 사신이 관반館伴 황희黃喜와 같이 서로 말하였다.

"오늘 잔치에 전하께서 효령군孝寧君이 술을 돌릴 때에 어찌하여 전하께서 일어서시었는가?"

황희가 말하였다.

"군신君臣의 분의分義로서 진실로 이와 같이 할 것은 없으나, 전하께서 일어서신 것은 천륜을 중히 여긴 것이라."

사신이 감탄하여 말하였다.

"옛날 촉부蜀府 전하殿下: 황제의 동복 아우가 들어와 뵈올 때에는 폐하가 동궁에게 명하여 연회에 나가게 하면, 동궁이 길을 양보하였었다. 오늘날 전하께서 효령군을 대우하는 예도 또한 우리 동궁과 똑같도다."

이러면서, 매양 임금의 덕을 칭송하여 찬미하기를 마지아니하였다.

효령대군이 세종에게 술잔을 올릴 때 세종이 앉은 채 받지 않고 일어나서 받는 것을 본 중국 사신이 예법에 어긋난다고 여겨 물었다는 것입니다. 황희 답변이 인상적입니다. 군신 간의 관계로 보면 신하인 효령대군의 잔을 임금인 세종이 앉아서 받아야 하지만 천륜으로 보면 형님의 잔이니 동생으로서 일어나서 받은 것이라는 명쾌한 답변에 중국 사신도 공감하였다고 했습니다. 두 분의 우애 앞에서 중국 사신이 감동한 셈입니다.

다음 기록도 두 분의 우애가 얼마나 진했는지 잘 보여줍니다.

《세종실록》82권, 세종 20년 9월 5일

의성군誼成君 이채李寀의 집에 거둥하여 효령대군孝寧大君에게 잔치를 하사하니, 그 병의 치유를 위로하기 위한 것이다. 중략 임금이 의성군 집에 이르러 처음 연輦에서 내리면서 눈물을 줄줄 흘리고 효령을 보고는 또 울었다. 이윽고 잔치를 베푸니 시연侍宴한 모든 종친이 차례로 일어나 춤추고, 끝으로 효령도 또한 일어나 춤추고 헌수獻壽하니, 임금도 역시 일어나 춤추고는 이내 눈물을 흘렸다.

효령대군이 중병을 앓다가 치유되자 세종이 이를 축하하는 잔치를 열었다는 것인데 효령을 만난 세종이 눈물을 흘리고 효령도 울었다는 대목은 읽는 이의 마음을 찡하게 합니다. 중략한 부분에서는 그간 간호한 모든 사람에게 일일이 상을 주고 있어 효령이 병에서 나은 것을 세종이 얼마나 기뻐했는지 충분히 짐작하게 합니다. 우애의 진정성이 느껴지는 장면입니다. 《효종실록》의 다음 대목도 바로 이 일을 회상한 것이라 하겠습니다.

《효종실록》 20권, 효종 9년 1658년 4월 11일

상이 정원에 하교하였다.

"인평대군 효종의 동생의 병환이 아직도 낫지 않아서 병상에 드러누운 채 문을 닫고 신음하고 있은 지가 이제 이미 넉 달이나 되었으니, 내가 하도 걱정스러워서 밥 먹고 잠자는 사이에도 마음이 편치 않다. 답답한 이 심정을 어찌 다 헤아릴 수 있겠는가. 한번 만나보고 이 회포를 풀고 싶어도 인군의 거둥이란 마음대로 행할 수 없는 것이어서 이러고 있었던 것인데, 지금 들은바 병환이 더 위독해 가고 있다니 이제는 가서 만나보아야 하겠다. 예전에도 이 같은 일이 있었고 본조에 와서도 이러한 규례가 많이 있기는 하나, 다만 이것이 근세에 와서 드물게 있은 일이기 때문에 경솔히 행할 수는 없을 듯하다. 대신에게 문의하여 아뢰라."

영중추부사 이경석이 아뢰었다.

"삼가 성상의 하교를 보건대 우려하고 민망스러워하는 마음이 간절하고 깊으면서도 여태 직성대로 하지 않고 이처럼 하문하시는 것은 역시 움직일 때는 반드시 예도를 따르자는 생각에서 나온 것으로, 신은 여기에서 또 한 번 감탄스러움을 가누지 못하였습니다. 요순의 도는 효제孝悌 : 효도와 형제간의 우애 뿐이므로 공자의 말씀에 《서경》에 이르기를 「효도뿐이다. 오직 효도를 하며, 형제와 우애하여 정치하는 데에 베푼다」라고 하였으니 이것이 역시 정치인데, 어찌 꼭 직접 정치를 해야 된다는 말인가' 하였거니와 성상께서 행하고자 하는 바가 성인의 도를 벗어나지 않았고 우리나라 성조聖祖께서도 행한 일이므로, 신의 어리석은 소견으로는 이 일에 대하여 아무 의문도 없을 듯합니다."

영돈녕부사 김육도 아뢰었다.

"천륜 사이의 우애로운 정이야 어찌 상하 고금의 차이가 있겠습니까? 삼가 성상의 하교를 보고 나서 끝없는 감동을 가누지 못하였습니다. 지난 세종조에 효령대군이 질병을 앓고 일어나자 세종대왕께서 친히 찾아가 잔치를 베푸는데, 종실宗室 사람들이 춤을 추자 상 역시 일어나 춤을 추며 마냥 즐기다가 환궁하였다 합니다. 이는 신이 일찍이 듣기만 하고 성인의 덕으로 흠앙하였던 바인데, 이제 본조에도 이러한 규례가 많았다는 하교를 받들고 보니 신이 들은 바도 실제로 있은 일인 듯합니다. 더구나 대군의 병환이 아직 차도가 없어서 한번 찾아가 보려고 하는 성상의 심정은 필시 세종대왕 때보다 더 간절하신 경우이겠습니다."

영의정 정태화, 좌의정 원두표, 영중추부사 심지원도 다 같이 한번 친히 찾아가는 것도 안 될 일은 아니라고 하니 상이 따랐다.

효종이 동생 인평대군이 병석에서 차도가 없자 문병을 가고 싶지만 임금으로서 함부로 움직일 수 없어 신하들에게 의견을 주고받는 장면입니다. 그때 신하들이 보인 반응 가운데 효령대군과 세종 간의 우애가 소환되고 있습니다. 실록은 아무도 열람할 수 없었던 것을 고려하면 이 미담은 전설처럼 입에서 입으로 전해져 이때까지 전승되어 왔을 만큼 유명했던 듯합니다.

효령대군이 별세했을 때 사관이 기록한 〈졸기〉의 한 대목도 두 분의 우애를 짐작하게 합니다.

세종世宗께서 우애友愛가 지극히 도타워서 늘 그 집에 거둥하여 함께 이야기하였는데, 마침내 저녁이 되어서야 파罷하곤 하였다.

임금이 늘 효령대군의 집에 거둥하여 함께 대화를 나누었다고 하는데 그럴 수도 있는 일입니다. 임금도 백성의 왕이기 전에 개인적으로는 누군가의 동생이니, 형 집에 들러 이런저런 이야기를 나눌 수도 있습니다. 그런데 "마침내 저녁이 되어서야 파하곤 하였다"라는 대목은 특별합니다. 공사다망한 임금이 잠시가 아니라 저녁이 되어서야 형과의 대화를 마치고 궁궐로 돌아갔다니, 두 분의 우애가 얼마나 진했는지 다른 설명이 필요 없을 만큼 잘 드러나 있습니다.

자칫 왕권을 놓고 경쟁 관계에 놓일 수도 있는 처지에서, 동생인 왕이 형과 이렇게 친밀한 사례는 동서양 어디에서도 찾아보기 어려운 사례가 아닌가 싶습니다. 우리가 성경에서 친구 중의 친구로 다윗과 요나단을 들고 중국 고전에서 관중과 포숙을 드는데, 형제간의 모델로서 효령과 세종의 관계를 들 수 있다고 생각합니다. 이는 아무리 강조해도 지나치지 않는다고 보며 매우 자랑스러운 일입니다.

4.
불교 신자 효령대군의
신비 체험

효령대군은 유교 국가인 조선에서 태어나 조선 왕실의 일원이면서도, 평생 불교 신앙인으로 살았습니다. 유교 국가인 조선 사회에서 매우 이례적인 경우인데 왜 그랬을까요?

흔히 말하기는, 세자 자리를 동생에게 양보하기 위한 명분으로 불교에 귀의했다고 합니다. 그렇게 하지 않으면 부왕인 태종이 충녕을 세자로 삼기 거북해할까 봐 그랬다는 추정입니다. 가능한 설명입니다.

이렇게 볼 경우, 효령대군은 불교를 정치적인 수단으로 이용한 것이 됩니다. 불교를 믿은 것이 아니라, 세자 자리를 모면하기 위해 임시방편으로 불교 신자인 척한 셈이 됩니다. 과연 그럴까요? 그렇게 보기에는 효령대군의 불교 신앙이 독실하다고 여겨집니다. 여러 가지 신비 체험을 한 사실이 기록으로 전해지기 때문입니다. 그중 하나가 병을 앓는 동안에 부처로부터 기도 응답을 받은 사건입니다.

《세종실록》85권, 세종 21년 4월 21일

임금이 도승지 김돈에게 일렀다.

"전략 효령대군이 오랫동안 병으로 앓고 있었는데, 이제 비록 조금 나았다 하더라도 한 번 몸과 마음을 움직이면 병이 반드시 다시 발작할 것이다. 내가 지난겨울에 동교東郊에서 대군에게 들렀더니 한밤중에 몸이 잠시 편치 못하였는데, 필시 나를 보고 몸을 움직인 까닭이었다. 그러나 나를 공경하는 마음을 품고서 나로 하여금 알지 못하게 하였는데, 내가 다른 사람을 통해 알았다. 뒤에 또 종친을 사정전思政殿에 모으고 내가 대군을 보매 말하는 기운이 화평하더니, 오후에 현기증이 나서 가마에 떠메어져 집으로 돌아갔으니 역시 몸을 움직인 까닭에 그런 것이다. 내가 형님이 늙고 병든 것을 민망히 여겨 조정의 반열班列에 나오지 못하게 하고, 나를 볼 적에도 반드시 날이 늦어서야 보도록 하였다. 중략 대군이 근래에 부처를 매우 좋아하여 병중에서 꿈에 부처를 보고 청하기를, '내 병이 만약 나을 수 있거든 팔

을 들어 보이고 만약 영영 낫지 못하겠거든 팔을 들지 마소서' 하고 청하였더니, 그제서야 부처가 한 팔을 들어 보이었는데 이때부터 병이 점점 나았다고 하며, 중 행호行乎를 지독하게 사랑하여 '참부처[眞佛]'라고 생각하고 또 공경하는 예禮를 다하고 있다.

효령대군이 오랫동안 병을 앓고 있을 때의 일입니다. 약간 호전된 상태에서, 임금인 자신을 영접하기 위해 무리하게 몸을 움직였다가 도졌다는 말을 세종이 듣고 미안해하는 마음이 드러나 있습니다. 그러면서, 앞에서 소개한 글의 분량이 길어 중략 처리했으나 당시 신하들이 효령대군이 행호 스님을 한양에 들어오게 하여 여러 날 머물게 하는 데 대해 문제로 삼았습니다. 이에 부득이 효령대군이 왜 부처를 깊이 믿으며, 행호 스님을 추앙하고 있는지 밝히면서, 효령대군의 신비 체험 사실을 밝히고 있는 것을 알 수 있습니다.

효령대군은 병중에서 꿈에 부처를 보고 기도했다고 합니다.

"내 병이 나을 수 있거든 팔을 들어 보이고, 만약 영영 낫지 못하겠거든 팔을 들지 마소서."

그랬더니 부처가 한 팔을 들어 보였고, 이때부터 병에 차도가 있었다는 것입니다. 여간 신심이 깊지 않으면 경험할 수 없는 신비입니다. 이 일로 행호 스님을 참부처라고 여겨 사랑했다고 한 것을 보면, 아마도 행호를 초빙해 병 낫기를 위해 상담한 가운데 이런 기적이 나타났던 것으로 여겨집니다. 그랬기에 효령대군은 부처님의 은혜도 은혜이지만, 이를 매개해 준 행호 스님을 생불처럼 받들었던 것이 아닌가 합니다. 이 대목을 보면, 효령대군의 불교 신앙은 초월적인 존재에 대한 체험까지 동반한 것이었다고 하는 게 자연스럽습니다.

천안 광덕사에서 일어났다는 사리분신의 기적 사건도 마찬가지입니다. 〈화산광덕사사리각기명華山廣德寺舍利閣記銘〉에 나오는 그 신비 체험의 내용은 이렇습니다.

전략 금상世祖 7년1461년 5월 13일에, 석가여래의 사리가 천원天原 광덕사에서 분신分身하였다. 상서로운 빛과 기운이 하늘에 타올라 이상한 향기가 울컥 일어나서 산골짜기에 가득히 퍼졌다. 효령대군이 절에 있다가 25매를 진상하니, 상감께서 자성왕비와 더불어 내전에서 예하고 또 분신을 함원전에 봉안하였다. 또 분신하고 17일에 또 분신하므로 대군께서 또 얻어 진상하시니, 왕비께서 내전에서 예를 올렸다. 또 분신하므로 17일에 상감께서 친히 부처의 공덕을 찬미하는 노래를 지으시고 관현에 올려 왕비와 함께 함원전에 공양하셨다. 또 분신하였으니 전후에 얻은 분신 사리가 총 102과요, 광덕사의 설법 도중에 사람이 각자 받아간 것만도 그 얼마인지를 알지 못하였다.

상감께서 이 경사를 크게 기뻐하사 죄수를 놓아 주시고, 대서원大誓願을 발하였다. 친히 능엄경을 번역하고, 종친과 육조·대성臺省 : 사헌부와 사간원과 여러 장수를 거느리고 조종祖宗 : 시조가 되는 조상과 모든 백성을 위하여 여래상 1구를 만들었다. 또 중국과 세자를 위하여 미타상 1구를 만드시고, 또 관음과 지장 두 보살이 서로 마주 앉은 이적을 꿈꾸시고 두 불상을 만들었다. 조성을 마치자 각각 그 속에 사리를 봉안하고 선종 광덕사의 사리각에 편히 모셨다. 하략

효령대군이 천안 광덕사에 머무는 동안에 부처의 사리가 분신하는 기적을 체험했다는 것입니다. 사리란, 참된 수행의 결과로 생겨난다고 여겨지는 구슬 모양의 유골을 가리키는 불교 용어입니다. 석가모니의 열반 뒤 많은 사리가 출현하여 이를 8국에 분배 봉안하였고, 그 뒤 아소카왕 때에는 8만 4천 개의 불사리탑을 건립하는 등 사리신앙이 매우 성행하였습니다. 우리나라에서는 549년진흥왕 10년 양나라에서 사신을 통해 불사리를 보내왔으므로 왕이 백관과 함께 흥륜사에서 맞이하였다는 기록이 최초입니다.

그 후 신라 후기 및 고려시대에도 사리신앙이 매우 유행하였습니다. 조선 초기에도 사리에 관한 신앙은 왕실을 중심으로 많이 퍼져 있었습니다. 태조가 대신에게 "사리가 어찌하여 생기느냐?"라고 묻자, 하륜이 "정기가 쌓인 것입니다. 사람이 정신을 수련하면 다

천안 광덕사

사리가 있습니다. 바다의 조개도 보주寶珠가 있고 뱀도 명월주明月
珠가 있으니 조개와 뱀이 무슨 도가 있어서 그런 구슬이 있겠습니
까?"하고 대답하자 왕이 웃었다는 기록도 있습니다.

태조는 1393년태조 2년 정릉 흥천사에 사리각을 건설하고 7일 동
안 기도하였는데, 그때 사리 4매가 분신分身 : 여러 개로 나뉨하여 불
당을 유동에 건립하고 사리를 봉안하였습니다. 1415년태종 15년에
는 왕이 그 진위를 실험하기 위해 승려 100명을 흥천사 사리각에
모아 기도하면서 사리의 분신을 기원하게 하였다고 합니다. 효령
대군이 광덕사에서 경험한 사리 분신은 바로 이런 전통의 연장선
상에서 일어난 기적인 셈입니다. 하나의 사리가 여럿으로 나뉘다

니, 이성적으로는 납득하기 어려운 현상입니다. 아버지 태종은 사리 분신을 의심하는 입장이었지만, 효령대군은 있는 그대로 믿었던 것으로 여겨집니다. 1450년문종 1년에는 사리를 깊이 신앙한 효령대군이 사리탑을 조성하기 위해 시주를 얻으려 하다가 관으로부터 경고를 받은 일도 있어 그렇게 말할 수 있습니다.

나중에 또 언급하겠지만, 원각사를 세운 것도 이 사리분신의 기적 때문입니다. 세조 때 효령대군이 회암사에서 원각 법회를 베풀 때 여래가 현상現相하고 탑이 방광하면서 채색구름이 공중에 가득하였으며, 사리가 수백 매로 분신하였고 그 사리를 함원전에서 공양할 때 또 수십 매가 분신되어, 이를 왕이 기뻐하여 원각사를 세우고 이 사리를 봉안하였던 것입니다.

요컨대 효령대군의 불교 신앙은 정치적인 수단으로 잠시 이용한 것도 아니었고, 단순히 머리로 믿는 신앙도 아니었습니다. 종교적 체험을 가진 신앙이었기에 그만큼 돈독했다고 하겠습니다. 어째서 효령대군은 조선 왕실의 일원으로서 이렇게 불교에 심취했던 걸까요? 부처님으로부터 기도 응답을 받는 체험이나 사리분신의 기적도 믿음이 있었기에 가능했다고 한다면, 효령대군이 불교에 귀의하게 된 동기는 무엇이었을까요?

효령대군이 젊은 나이에 겪은 일련의 사건을 보면 어느 정도 이해가 되는데 가족들과의 거듭된 사별의 아픔이 그것입니다. 23세 때인 1418년태종 18년에 동복형제인 막내 성녕대군이종의 사망이

회암사 터

회암사지 사리탑

그 첫 번째 죽음입니다.《조선왕조실록》의 기록은 이렇습니다.

성녕대군 이종이 14세로 졸하였다. 종은 임금의 제4자로서
어렸으나, 총명하고 지혜로웠고 용모가 단정하고 깨끗하였
고 행동거지가 공순하였으므로, 임금 태종 과 정비 靜妃 가 끔
찍이 사랑하여 항상 궁중에 두고 옆에서 떠나지 못하게 하였
다. 나이 12세에 총제 摠制 성억의 딸에게 장가들었으나 일찍
이 궁중을 나가지 아니하였는데, 이때에 이르러 부스럼과 발
진에 걸려서 바야흐로 병이 심해지니, 신에게 제사 지내지 아
니함이 없었고, 마음을 다하여 기도하였다. 중략 졸하자 나이
14세였다. 임금이 반찬을 물리고 애도하여 조회와 저자를 3일
동안 정지하고 중략 이튿날이 지나서 미명에 그 영구가 돈화
문으로부터 나와서 사제에서 염빈 殮殯 하였다. 종은 충성스
럽고 효성스럽고 형제간에 우애함이 천성에서 나왔으며, 학
문에 부지런하고 활을 잘 쏘았으나 다른 취미는 없었다.

동생이 겨우 14세의 나이로 죽는 것을 본 효령은 인생무상을 실
감하지 않았을까요? 형제간의 우애가 좋았던 동생이니 더욱 그랬
을 듯합니다.

사별의 충격은 여기에서 그치지 않았습니다. 4년 후에는 모친인
원경왕후가 승하하였으며, 27세 때에는 부친인 태종이 승하합니

다. 그 이듬해인 28세 때는 친누이 동생 정선공주가 사망합니다. 그때의 기록을 보겠습니다.

내관 최득룡을 명하여 정선공주에게 제사하게 하였으니, 그 교서에 말하였다.

"왕은 말하노라. 죽을 때가 되어서 죽게 되는 것은 비록 운수에 관계된다 하나, 동기간의 마음은 이승과 저승이 다를지라도 간격은 있을 수 없도다. 오직 너 공주는 성품이 정숙하고 곧으며, 행실은 공손하고 착하였다. 대궐에 있을 때로부터 극진한 효성이 숙성하였고, 집을 가지기에 이르러서 근검함이 더욱 나타났다. 바로 가정의 화목함을 이루었고, 이로써 친족과 동네의 규범을 보여 주었다. 이러므로 아버지께서도 특히 귀여워해 주셨고, 나도 두터이 사랑해 주었다. 바야흐로 길이 수하기를 기대하여 함께 안락한 영화를 누리고자 하였더니, 어찌 뜻했으랴, 젊은 나이에 우연히 병에 걸려서 백약이 무효하여 세상을 떠났으니, 길이 수족이 이지러짐을 생각하니, 어찌 심장과 간을 베어내는 듯한 아픔을 이기리오? 하물며 부왕의 상복도 끝나기 전에 또 체나무가 꺾였도다. 고요히 생각하여 보니 어찌 이렇게 서러울

수가 있는가? 그 어린아이가 있으나 급자기 믿고 의지할 곳을 잃었도다. 슬픔을 머금고서 말을 엮어 사관을 보내어 술잔을 드리노라. 슬프다. 살아서는 동기로서 항상 친애한 마음을 두터이 하였고, 죽어 가니 이승과 저승의 길이 다르므로 특히 조문하여 불쌍히 여기는 전례를 더하노라."

세종 임금이 조문하는 이 마음은 효령대군도 같았을 것입니다. 남동생, 부모님에 이어 여동생이 연거푸 떠나가는 것을 겪으면서 그는 더욱더 불교에 빠지지 않았을까 생각됩니다.

이 세상의 삶이 허무하다는 것을 절감하면서, 자연스럽게 사후의 영원한 생명을 추구했고 그것을 불교의 내세관과 영혼관에서 찾아 깊이 믿었던 것은 아니었을까요? 이런 아픔을 겪는다고 모두가 불교 신자가 되는 것은 아니지만, 천성적으로 그런 성향이 있었다면 이런 후천적인 충격이 더해져 종교심이 크게 발현될 수도 있었다고 여겨집니다.

5.
희우정 별장에서
있었던 일

　현재의 마포구 망원정 자리에 효령대군의 별장이 있었습니다. 효령대군이 터를 잡아서 건축한 별장이었고 처음 이름은 합강정合江亭이었습니다. '안양천과 한강이 만나는 지점에 있는 정자'라는 뜻입니다. 처음에는 효령대군의 개인 별장으로 지어졌으나, 중국 사신을 위해 연회를 베풀기도 하고, 이곳에서 임금이 수군의 군사 훈련을 시찰하기도 하였습니다. 특히 세종은 종종 이곳에 행차하여 수군의 훈련을 살피고 겸하여 백성들의 농사를 시찰하기도 하였습니다.

　어느 날 세종이 이 정자에 행차하였을 때 큰비가 내렸습니다. 마침 그 해는 유난히 가뭄이 심하던 터라 모두 비가 오기를 고대하고 있던 차에 임금의 행차와 함께 많은 비가 내렸으므로 임금은 이를

흡족히 여겨 정자의 이름을 합강정에서 희우정 喜雨亭 으로 바꾸게
하였습니다. 《조선왕조실록》의 기록을 보면 다음과 같습니다.

《세종실록》 28권, 세종 7년 1425년 5월 13일

임금이 모화루 慕華樓 에 거둥하여 서변 西邊 에 말을 머물러 격
구 擊毬 하는 것을 구경하고, 이윽고 서강 효령대군 이보 李補 의
별장에 이르러 강 언덕 정자에 나앉아 포 砲 놓는 것과 군사
들의 말 타고 활 쏘는 것을 관람하고 술잔치를 차리고, 대
군에게 안장 갖춘 말과 본궁 근처의 농토 40여 섬지기 땅
을 하사하였다. 중략 오대언 五代言 과 참의 參議 · 첨총제 僉摠制
는 장막 남쪽에서 먹게 하고 군사에게까지 먹을 것을 하사하
였다. 이날 임금이 홍제원 洪濟院 · 양철원 良哲院 에서 영서역 迎
曙驛 갈두[加乙頭]들에 이르기까지 고삐를 잡고 천천히 가는
길에 밀·보리가 무성한 것을 보고 임금이 흔연히 기쁜 빛을
띠고 정자 위에 올라 막 잔치를 벌이는데, 마침 큰비가 좍좍
내려서 잠깐 사이에 네 들에 물이 흡족하니, 임금이 매우 기뻐
서 이에 그 정자의 이름을 희우정 喜雨亭 이라고 지었다.

《중용》의 치중화, 천지육언, 만물육언(致中和, 天地育焉, 萬物育

焉) 즉 "중화를 극진하게 실현하면 천지가 제자리에 서고 만물이 번성하게 될 것이다"라는 구절을 연상하게 하는 일화입니다. 형제가 조화롭게 지내자 곡식도 무성하고, 천지가 제대로 운행하여 비도 내리는, 인사와 천리가 일체가 되는 분위기를 느끼게 하는 이야기인데요. 아마 세종도 그 점을 기뻐하여 '희우정'이라는 정자 명을 하사했을 듯합니다. 세종은 이후에도 수시로 희우정에 들렀는데 다음 기록에 나타나 있습니다.

《세종실록》 33권, 세종 8년 1426년 8월 18일

임금이 서교西郊에 거둥하여 농사의 실태를 살펴보고, 드디어 효령대군孝寧大君의 별서別墅인 희우정喜雨亭에 거둥하여 위로연을 베풀고는, 임금이 대언代言들에게 일렀다.

"대군이 이곳에서 병을 피하여 이제 나았으므로, 이에 내가 와서 위로하는 것이다."

청평淸平·평양平壤의 두 공주公主도 또한 오니, 임금이 내구마內廐馬 각 1필씩을 주고, 날이 저물어 궁으로 돌아왔다.

이 대목을 보면 효령대군이 병이 나자 이곳에 와서 요양하였고, 그 효과를 보아서 낫자, 세종이 들러서 축하하였다는 것을 알 수 있

희우정

희우정 현판

습니다. 이곳이 공기도 좋고 경치도 수려해 치유하기에 좋은 곳이었다는 것과 효령대군이 허약한 체질이었다는 것도 알려주는 기록입니다. 세종이 두 공주와 함께 와서 위로하고 날이 저물어서야 궁으로 돌아갔다고 하여, 두 분의 우애를 다시금 느끼게 합니다. 세종의 희우정 나들이는 공적으로는 백성의 농사를 살피기 위한 목적

이었고, 사적으로는 병이 나은 형님을 축하하기 위한 것이었으니, 일석이조의 거둥이었습니다. 효도와 우애를 중시하던 조선시대에 임금의 우애 실천이야말로 지도자의 도덕적인 권위를 솔선해서 보여주는 기회라고 본다면, 이 또한 고도의 통치행위라 할 수 있습니다. 《조선왕조실록》 군사 훈련 관련 기록에 실린 희우정의 또 다른 성격을 나타낸 일은 다음과 같습니다.

《세종실록》 63권, 세종 16년 1434년 3월 18일

희우정喜雨亭에 거둥하여 새로 제조한 전함戰艦을 관람하니, 왕세자가 거가를 호종하였다. 처음에 유구국琉球國 사람이 우리나라에 오매, 그자에게 명하여 전함을 제조하게 하고는, 이를 서강에 띄우고 우리나라의 전함과 나란히 달려서 그 쾌둔快鈍의 정도를 비교한바, 유구국 사람이 제작한 배가 약간 빨랐으나 심한 차이가 없었다. 혹은 물결을 따라 내려가 보기도 하고, 혹은 물결을 거슬러 올라가 보기도 하였는데 이와 같이 하기를, 재삼 거듭한 뒤에 그만두었다. 명하여 사수색司水色·사재감司宰監의 관원과 유구국의 전함 제작자에게 음식을 공궤하고, 인하여 조그마한 술자리를 벌이니, 종친과 사수색제조司水色提調가 이에 모시었다.

희우정에서 새로 만든 전함의 성능을 시험하는 장면입니다. 유구국(지금의 오키나와) 사람이 오자 전함을 제조하게 한 다음, 한강에 띄우되 우리 전함과 함께 띄워 속도를 비교하고 있습니다. 세종의 희우정 나들이가 결코 오락용만은 아니라는 사실을 여기서도 확인할 수 있습니다. 다음《조선왕조실록》은 수전 연습을 기록한 것입니다.

《세종실록》107권, 세종 27년1445년 3월 2일

강 가운데서 수전水戰을 연습하라고 명령하였다. 지중추원사 이천 등이 삼군으로 거느리되, 한 군선마다 사졸 30여 인씩 싣고 또 배 4척으로 허수아비 사람을 태워 적군을 삼아 가지고 20보 거리쯤에서 뿔을 불고 북을 울리면서 주화·질려포走火蒺藜砲를 쏘면서 전투하는 모양을 하였다. 세자가 효령 대군과 함께 희우정 서쪽 산봉우리에 나가서 구경하였다.

한강에서 모의 수전을 벌이게 하고 시찰하였다는 기록입니다. 세자(문종)를 보내 효령대군과 함께 희우정 서쪽 산봉우리에서 관람하였다고 하였는데 아마도 이곳이 시야 확보도 용이하고, 전투 연습하기도 좋아서 그런듯 싶습니다. 효령대군도 기꺼이 이런 일에 희우정을 제공했음을 알 수 있습니다.

배에다 짐을 싣고 다니는 것을 구경한 기록도 있는데 세조 때의
《조선왕조실록》기록이 그것입니다.

희우정에 거둥하여 조선 漕船 : 배에다 짐을 싣고 나름 하는 것을
구경하니, 효령대군 이보·임영대군 이구·영의정 신숙주·좌
참찬 최항·공조판서 김수온·호조판서 노사신·대사헌 양성
지와 여러 장수가 따랐다. 효령대군이 음식 올린 것이 심히 후
하므로, 명하여 배에 실은 쌀 50석 石 을 내려 주었다.

이 기록을 보면, 효령대군은 단순히 함께 관람만 한 게 아니었습
니다. 음식물까지 후하게 제공하였고 세조가 고마워서 쌀을 내려
주었다니, 그만큼 경제적인 여유를 누렸다고 볼 수 있습니다. 다른
기록에 보면 매우 검소하게 살았다고 하는데, 공적으로 필요한 곳
에는 아낌없이 베풀었던 게 아닌가 싶습니다.

나중에 이곳 희우정은 주인이 바뀌며 월산대군 이정의 소유가 됩
니다. 그 사실도《조선왕조실록》에 나와 있습니다.

《성종실록》171권, 성종 15년 1484년 10월 15일

월산대군 月山大君 이정 李婷 이 글을 올렸다.

"효령대군이 희우정을 신에게 주었는데, 신이 고쳐 짓고 이름을 망원정 望遠亭 이라 하고서 여러 번 어제 御製 : 임금의 글를 청하였으나, 윤허를 얻지 못하였습니다. 옛 제왕이 혹은 시, 혹은 부, 혹은 기, 혹은 서를 후세에 전하는 것이 또한 많습니다. 신이 어제를 감히 청하는 것은 백성들에게 자랑해 보이려는 것이 아니라 후세에 전하고자 하는 것입니다."

임금이 글을 승정원에 보이고 물으니, 도승지 김종직 등이 아뢰었다.

"이는 가까운 친족 사이의 일이니, 비록 어제를 내릴지라도 무슨 문제가 되겠습니까?"

임금이 망원정시 望遠亭詩 와 아울러 서 序 를 지어 내렸다.

이렇게 하여 월산대군의 정자가 된 이곳은 현재 망원정으로 바뀌어 있습니다. 시대가 흘러 이곳이 지닌 기능은 다른 데로 대체되었으나, 그 정신만은 계속 이어져야 할 것입니다. 특히 희우정이란 전설이 머금고 있는 지도자의 애민 의식은 물론 이곳에서의 형제 우애는 오래 기억되어야 마땅합니다.

6.
수륙재의
파장

　효령대군이 살았던 시대는 유교를 숭상하고 불교는 배척하던 때입니다. 적어도 공식적으로는 그랬기에 말하자면 문화적 편향성이 심화하던 때였습니다. 문화적으로 다양한 국가라야 건강할 수 있지만, 왕권의 위세에 눌려 누구도 이에 반론을 제기할 수 없었습니다.

　이때 효령대군은 유학과 함께 불교도 필요하다는 사실을 실천으로 보여주었습니다. 효령대군은 어려서부터 두 살 어린 아우 세종과 나란히 유학에 정진하여 김시습, 변계량, 윤회, 김수온 등 당대의 유명한 유학자 및 문장가들과 교유하는 한편, 신미대사, 행호 스님 등 당대의 대덕 고승들과도 교류했기에 유교와 불교가 상호보완관계라는 사실을 인식했던 듯합니다. 예컨대 유교는 현실생활의 지침을 제공하고, 불교는 죽은 영혼 달래기와 내세 준비시키기 등의 역할 분담 같은 것을 확신한 것으로 여겨집니다.

효령대군은 왕자이며 왕의 형이었기에 일종의 치외법권 같은 것을 가졌던 인물입니다. 더욱이 왕들의 신임을 지속적으로 받았다는 것을 알 수 있는데, 자신이 가진 그 힘을 불교를 위해 아주 효과적으로 활용했습니다.

효령대군이 지원한 불교 행사 가운데 하나가 수륙재水陸齋: 물과 육지의 외로운 영혼을 달래는 불교 의례였습니다. 유교의 가르침만으로는 해소할 수 없는 신앙적인 욕구를 해결해 주기 위해 한강에서 수륙재를 개최한 것입니다. 효령대군이 후원한 이 수륙재를 둘러싼 조정의 논의를 보여주는 다음 기록을 볼까요? 이 행사가 불러온 파문이 얼마나 컸는지 실감하게 합니다.

《세종실록》 94권, 세종 23년1441년 11월 19일

사헌부에서 상소하였다.

"전략 불교는 이치로는 근사하오나 그 피해는 더욱 심하옴은 선배 유학자들이 일찍이 논평하였습니다. 그 요망 허탄하고 허무하여 인류를 멸절하고 생민의 해충이 되는 것을 전하께서 밝게 보시고 묵묵히 인식하시는 바이오니 어찌 신 등의 밝게 분변함을 기다리오리까? 중략

어지러움이 극하면 반드시 다스려지므로, 좋은 운수가 돌아와서 태조 강헌 대왕께옵서 운運에 응하여 개국開國하사, 맨 먼저 이 폐단을 개혁하였습니다. 중략

　전하세종대왕께서는 하늘이 내신 성왕이십니다. 밝으신 학문으로 전대의 빛나는 공업을 이으사, 날마다 경연을 열고 정치의 도를 강론하시며 절을 모두 개혁하셨습니다. 승려 가운데 서로 전하는 법손노비法孫奴婢를 모두 관청에 붙이고, 또 절의 수효를 감하여 오교 양종五敎兩宗을 이종二宗으로 줄이며, 서울에는 태조께서 창건하신 두 절만 두고 나머지는 모두 혁파하여 헐어서 관부官府로 삼았습니다. 불상과 종경鍾磬은 녹여서 병기를 만들며, 수행과 공양하는 비용을 없애고 수륙재의 제도를 만들었습니다. 불공과 천도의 음식물을 품品에 따라 수량을 정하여 검소하기에 힘쓰며 불교행사의 금령을 거듭 밝혀서 《육전》에 실었습니다. 이에 승려들이 발을 들여놓을 수 없어, 몇 해를 못 가서 스스로 멸망함에 이르러 삼대三代의 거룩한 시대를 거의 다시 볼까 했습니다. 그런데 뜻밖에 효령대군께서는 종실의 어른이시며 고명한 재주를 가진 분인데도 그릇 허탄한 말을 믿고 일찍이 한강가에서 무차회無遮會 : 귀천상하의 구별 없이 일체 평등으로 모든 것을 베푸는 대법회를 여니, 사대부의 아내들이 구름처럼 모이고 보고 듣는 이가 부러워하고 사모하며, 배에 밥을 싣고 강 가운데 던져서 고기들에

게 먹이며, 무지한 중 행호行乎를 존경하여 종실의 높은 어른으로서 무릎을 꿇어 예배하며 종실을 권유하고, 아래로는 장사치들까지 재물을 내게 하여 없어진 절을 보수해 일으켜서 환하게 새롭게 하였습니다. 불상을 만들고 불경을 박으며 안거회安居會를 베푸는 등의 일을 하지 아니하는 바가 없으니, 무뢰배 같은 승려들과 장사치들이 의지하고 붙따르며, 절 현판 위에 대서특필하기를 '시주施主 효령대군'이라고 써서 장사치의 천한 무리들 사이에 함께 벌여 있사오니 무릇 보고 듣기에 어찌 부끄럽지 아니하오리까? 신 등은 그윽이 염려하건대, 이단이 다시 일어남이 반드시 대군으로부터 다시 싹틀까 하옵니다. 엎드려 바라옵건대, 전하께서 대의로 간절히 꾸짖으시고 세상을 미혹하여 거룩한 교화에 누가 되는 일이 없게 하소서. 하략"

임금이 답하지 아니하였다.

유교와 비교해 불교는 이단이라고 규정하며 이 상소문은 시작하고 있습니다. 고려 시대에 그 폐단이 심해져 태조가 건국하면서 개혁하기 시작하여 태종에 이르러 더욱 강화되어 지금 세종의 시대에 이르렀다고 진단했습니다. 그런데 효령대군이 나와서 이 개혁의 흐름을 역행하는 행위를 했다며 비판하고 있습니다.

사헌부의 상소문에 나오는 '한강가'의 '무차회'는 세종 14년 2월 14일에 열린 불교 행사를 의미합니다. 이에 대해서는 《세종실록》에 상세히 나와 있습니다.

《세종실록》 55권, 세종 14년1432년 2월 14일

효령대군 이보가 성대하게 수륙재를 7일 동안 한강에서 개설하였다. 임금이 향을 내려 주고, 삼단三壇을 쌓아, 중 1천여 명에게 음식 대접을 하며 모두 보시를 주고, 길 가는 행인에게 이르기까지 음식을 대접하지 않는 자가 없었다. 날마다 백미 두어 섬을 강물 속에 던져서 물고기들에게 먹이를 베풀었다. 나부끼는 깃발과 일산日傘이 강을 덮으며 북소리와 종소리가 하늘을 뒤흔드니, 서울 안의 선비와 부녀들이 구름같이 모여들었다. 양반의 부녀도 또한 더러는 맛 좋은 음식을 장만하여 가지고 와서 공양하였다. 중의 풍속에는 남녀가 뒤섞여서 구별이 없었다. 전 판관 길사순이 글을 올려 '중지하라'고 간하였으나 듣지 아니하였다.

성균 생원成均生員 방운方運 등이 상서하였다.

"전략 이제 삼가 목격한 폐단으로서 중략 임자년 봄에 크게 무차지회無遮之會를 열었사온데, 중들이 구름같이 모이어 한 강가에서 하루가 지나고 열흘이 넘도록 극히 호화롭고 사치스럽게 차려서 기치와 일산이 해를 가리우고, 종과 북소리는 땅을 흔들었습니다. 천당과 지옥의 고락을 그림 그리고 사생과 화복禍福의 응보를 보여주니, 이에 귀천貴賤과 남녀를 논할 것 없이 모두가 보고 듣고자 모여드니, 도시는 이 때문에 텅 비고 관문과 나루는 이 때문에 길이 막혀 통하지 못하였습니다. 중략

엎드려 생각하옵건대 전하께서는 일월의 밝으심을 열으시고 바다와 강 같은 도량을 넓히시와, 만기萬機 : 임금이 보는 여러 가지 사무를 살피시는 여가에 특히 밝게 보아 주옵시기를 바라옵니다."

임금이 말하였다.

"너희들의 말이 옳으나 회암사는 오늘날 창건한 것이 아니고 다만 '불전佛殿이 기울어져' 수리할 뿐인데, 너희들이 말하는 종친宗親에 의탁하였다는 일은 내가 아는 바가 아니다."

효령대군의 불교 행사에 대해 비판한 내용을 하나씩 자세히 보겠습니다. "효령대군께서는 종실의 어른이시며 고명한 재주를 가진 분인데도 그릇 허탄한 말을 믿고 일찍이 한강 가에서 무차회를 열었다"는 대목부터 살펴봅니다. 고귀한 신분인데도 무차회를 열었다는 비판인데, 효령대군이 귀족으로서의 위엄을 내려놓고 일반 민중과 호흡을 같이 했던 사실을 역설적으로 증명하는 발언이라 해석됩니다.

"종실의 높은 어른으로서 무릎을 꿇어 예배하였다"라는 대목도 마찬가지입니다. 법적인 신분으로는 하층민에 불과한 행호 스님 앞에 무릎을 꿇음으로써 세속적인 질서와는 구별되는 신앙의 정체성을 보여주었기 때문입니다. "무뢰배 같은 승려들과 장사치들이 의지하고 붙따르며, 절 현판 위에 대서특필하기를 '시주施主 효령대군'이라고 써서 장사치의 천한 무리들 사이에 함께 벌여 있다"라는 비난도 마찬가지입니다.

"사대부의 아내들이 구름처럼 모이고, 보고 듣는 이가 부러워하고 사모하였다"는 부분도 주목할 만합니다. 여성들의 바깥출입이 제한을 받았던 사회에서 불교행사인 무차회는 상층 여성들도 자유를 누렸던 대동놀이 또는 축제의 기능을 했다는 사실이 드러납니다. 요즘 말로 하자면 사회 통합의 리더십을 발휘했다고 생각됩니다.

"종실을 권유하고 아래로는 장사치들까지 재물을 내게 하여서 없어진 절을 보수해 일으켜서 환하게 새롭게 하였다"라는 대목도 그렇습니다. 상인층 남성도 여기에 동참하도록 하였고 아래로는 장사하는 사람들까지 참여하여 사찰을 보수하게 하였다니, 대단한 역량이 아닐 수 없습니다. 다분히 남성들을 위한 종교인 유교로는 불가능한 일을 효령대군은 불교 행사인 무차회를 매개로 실현한 셈입니다.

어떤 기록에서는 이런 불교 집회에서 남녀 모두 효령대군을 '생불生佛'이라고 추앙했다 하는데 다음 기록이 그것입니다.

《세종실록》94권, 세종 23년1441년 11월 24일

성균 생원 유이柳貽 등이 상소하였다.
"중략 신 등은 그윽이 이르건대, 효령대군孝寧大君은 왕실王室의 의친懿親으로서 사설邪說에 빠져서 상문桑門에 무릎을 꿇고 제자의 예를 공순히 행하며, 무릇 탑묘塔廟를 세우는 권문첩자勸文牒子에 모두 압서押署를 거쳐 중외中外에 편만遍滿하여 백성의 귀와 눈을 어지럽게 하고, 또 늙은 여승[尼] 사실師室이라고 일컫는 자가 조금 글을 알고 있어, 환화설幻化說을 만들어 무식한 부녀들을 우롱愚弄하여 허탄하고 망령된 경지로 끌어넣으니, 이에 사남士男·사녀士女들이 휩쓸려 귀의歸依하여 모두 말하기를, 효령대군은 생불生

佛이다. 중략 하물며 전하께서는 만백성의 대표로서 불교를 숭상해 믿으심이 이에 이르렀으니 이는 원숭이에게 나무에 오르기를 가르치고 더러운 진흙 위에 다시 더러운 진흙을 칠하며 점점 다리를 높이고 소매를 넓혀 사치하는 것과 같사오니 불교를 숭상하는 징조를 장차 어떻게 막으오리까?"

  사대부 남녀들까지 효령대군을 '생불'이라고 일컬었다는 사실은 자못 충격적입니다. 조정의 시각과는 달리 효령대군은 민중은 물론 양반층 남성과 여성들로부터도 기댈 만한 대상이었음을 알려줍니다. 이는 마치 신약성경에서, 예수가 당시 천시 받던 민중과 회식을 자주 하다가 당시 기득권층으로부터 '죄인의 친구'라고 비난받았던 이야기를 연상시키는 대목이기도 합니다. 혈연과 학연을 떠나서, 자신을 필요로 하는 곳이면 가서 함께 어울렸던 효령대군의 자세야말로 이 시대에도 여전히 요구되는 리더십이자 인간상이 아닌가 생각됩니다.

7.
91세 장수와
그 비결

효령대군은 매우 장수하신 분인데 무려 91세를 살았으니 그 시대의 평균 연령에 비추어 아주 이례적입니다. 양반의 평균 수명은 51세~56세였고 임금의 평균 수명은 47세였습니다. 환갑 자체가 큰 경사로 여겨지던 시절이었습니다. 부부생활을 하지 않는 환관들만 수명이 길어서 평균 수명이 70세였습니다. 형인 양녕대군의 경우 68세, 세종은 53세였고 막냇동생 성녕대군은 겨우 14세였으니 효령대군의 91세는 대단한 장수였습니다.

조선시대를 떠나 2022년 기준 여자의 기대수명은 85.6세, 남자는 79.9세인데 여기에 비교해도 효령대군의 91세는 평균을 훨씬 웃도니 놀라운 사실입니다. 정실부인 슬하에 6남 1녀, 측실 슬하에 1남 1녀를 두어, 모두 7남 2녀를 둔 효령대군은 손자만 33명, 증손자

19명을 두기까지 살았습니다. 만년에는 아들 가운데 가장 젊은 사람의 나이가 60이 넘었는데, 좋은 날과 아름다운 절기면 술잔을 들어 축수하고, 백발로 그 슬하에서 춤을 추었다니 복 받은 분이었습니다.

효령대군은 어떻게 해서 이렇게 장수했을까요?《단종실록》을 보면 효령대군은 "어려서부터 병이 있어 야위고 약하였다"라고 되어 있어 약질이었다는 것을 알 수 있습니다. 이런 분이 어떻게 장수하였는지 그 비결이 무엇인지 알아보겠습니다.

첫째, 부인인 예성부부인 정 씨의 보살핌도 한몫했습니다. 예성부부인을 추모하는 글에 이렇게 기록되어 있기 때문입니다.

세종 20년戊午, 1438년 가을에 효령 대군께서 병환이 대단하사 의성군誼城君 집에 피우避寓 하셨는데, 부인이 약藥 드시는 곁에서 꼭 먼저 맛보시고 밤낮으로 단정히 앉으시어 잠시도 눈을 붙이지 아니하셨다. 병환이 다 나으시매 세종께서 거둥하시어 위로의 말씀을 내리시며 왕세자로 하여금 안에 들어가 부인께 술을 대접하게 하고 채폐彩幣와 의복 및 안마鞍馬를 주시며 극진히 즐겁게 시간 보내신 다음 자리를 파하셨다.

이후 대군大君의 건강은 비록 보통이시나, 일찍이 옷을 벗고 자리에 몸 붙여 눕지 아니하신 지가 무릇 33년 동안이었다. 침식과 기거 起居하는 절차와 의복의 따뜻하고 서늘한 알맞음에 정성을 다해 조치하시어, 안으로는 그 심지 心志를 순적 順하게 하고, 밖으로는 기체 氣體를 보양하셨으므로 대군께서 강녕 康寧하시며 장수를 누리셨다.

밑줄 그은 부분을 주목할 필요가 있습니다. 잠자는 것과 음식 먹는 것, 생활 리듬, 온도에 따라 의복 입기 등을 살폈으며, 마음을 편안하게 하며 기운을 보충해 주기를 33년이나 지극 정성으로 했다고 합니다. 부인의 도움을 받아 효령대군이 규칙적이고 자연의 이치에 부합하는 생활을 했기에 장수했다고 여겨지는 기록입니다.

부인은 왜 그토록 효령대군의 건강을 챙겼을까요? 아마도 효령대군이 약질인 것을 알아 더욱더 세심하게 모셨을 테고 효령대군 또한 스스로 약질인 것을 알아 건강에 신경을 썼던 것이 아닌가 합니다. 그렇게 본다면 약하게 태어난 사람이 오히려 건강을 챙겨서 장수할 수 있다는 인생의 역설이 여기서 확인됩니다.

둘째, 술을 절제한 것도 장수의 비결이 아닐까 합니다. 양녕대군이 폐세자 당한 후, 둘째 아들인 효령이 그 자리를 이어받을 수 있었는데도, 아버지 태종은 몇 가지 이유를 대면서 효령을 배제했다고 합니다. 그 이유 가운데 하나가 술을 마시지 못하는 것이었는데 《조선왕조실록》 전체를 검색해 보면 이는 진실이 아닙니다. 효령도 술을 마셨다고 보이는 장면이 아주 많습니다. 그런데도 왜 태종은

이렇게 말했을까요? 절제를 많이 하다 보니 술을 잘 마시는 태종이 볼 때는 술을 마시지 못하는 것으로 여겨진 게 아닌지 판단됩니다. 국내외 정치나 외교를 할 때 음주는 필요한 일이라고 보는 태종으로서 술을 극도로 절제하여 거의 못 마시는 효령대군은 군왕으로서 부적절하다고 보았던 듯합니다. 술을 절제한 효령대군은 왕위는 물려받지 못했지만, 그 대신 장수를 누린 셈이니 이 또한 인생의 신비입니다.

셋째, 종교 생활을 한 것도 장수의 한 비결이라고 생각합니다. 《조선왕조실록》의 다음 내용은 효령대군의 건강과 불교 신앙이 밀접한 관련이 있다는 것을 확인하게 줍니다.

《세종실록》 83권, 세종 20년1438년 11월 12일

사헌부에서 아뢰었다.
"이제 듣자오니 효령대군이 중의 무리를 불러 모아 불경을 읽는다고 합니다. 신 등은 불도를 숭상하는 조짐이 여기에서부터 시작될까 두렵습니다. 통절하게 금지하시기를 청합니다."
임금이 말했다.
"효령이 병으로 두어 달 지내다가 이제 조금 나았으므로 불경 읽기[독경]를 한다고 하는데, 비록 올바른 도道는 아니지만 병 때문에 행하는 것을 내가 어찌 차마 금지하겠느냐?"

이 내용을 보면 효령대군은 병 때문에 불경 읽기를 했고, 그런 신앙심 때문에 병도 나아서 건강하게 오래 살았던 것이 아닌가 합니다. 일반적으로도 종교를 가지면 마음의 평정과 평안을 유지하는데 유리하다고 합니다. 변수가 많은 이 세상에서 모든 것을 절대자의 섭리라고 믿으며 살아가니 스트레스가 적었을 듯합니다.

불교의 연기설緣起說이 그렇게 되어 있습니다. 이 세상의 모든 일은 그럴 만한 원인이 있어서 일어났다고 여기기 때문에 마음의 평정을 유지하기 쉽습니다. 효령대군은 이런 신앙으로 살면서, 불교를 위해 좋은 일을 많이 하며 살았기에 더욱더 즐거운 마음으로 한평생을 살아 장수한 게 아닌지 예상됩니다.

넷째, 욕심을 부리지 않고 검약하게 살았던 생활 태도도 장수의 한 요인이 아닌가 합니다. 이는 퇴계 이황, 회재 이언적 등의 사림이 올린 연명 상소문의 다음 한 대목을 보아 짐작할 수 있습니다.

《중종실록》 95권, 중종 36년 1541년 4월 2일

전략 예전에 종실宗室 효령대군孝寧大君은 성품이 자못 겸허하고 소박하여 화려한 집에 살기를 싫어하여서 초가를 지어 늘 그 안에서 살았는데, 마침내 수壽가 아흔에 미치고 자손이 번성하였으니 이것은 근래의 일 중에서 명백한 증험입니다.

이 상소문에서는 효령대군이 90살에 이르도록 장수한 것을 "성품이 자못 겸허하고 소박하여 화려한 집에 살기를 싫어하여서 초가를 지어 늘 그 안에서 살았던" 사실과 결부시켜 해석하고 있어 흥미롭습니다. 소박하며 화려한 집에 살기를 싫어한다는 것은 욕심을 부리지 않는 삶을 말합니다. 고대광실高臺廣室을 피하고 초가를 지어 그 안에서 살 만큼 마음을 비우고 살면 장수할 수 있다는 사실을 은연중 드러내고 있습니다.

요즘에도 만병의 원인을 스트레스로 봅니다. 마음이 병들면 몸도 병이 들기에 마음에 근심이 없으면 몸도 건강해진다고 할 수 있습니다. 효령대군의 삶은 스트레스와는 거리가 먼 생활이라고 보입니다. 겸허한 성품에다 소박한 것을 좋아하여 초가집에서 사는 것을 만족스럽게 여겼다니, 갈등이 없거나 적을 수밖에 없지 않았을까요? 오늘날 무병장수를 위해 효령대군의 이런 점을 본받아야 하겠습니다.

8.
며느리 간택의
구설수

이 세상에 완전한 사람은 없겠죠. 효령대군도 마찬가지입니다. 대부분 호인으로 베풀며 사는 일생이었지만 구설수에 휘말린 적도 있습니다. 며느리 간택을 두고 벌어진 논란이 바로 그것인데 관련 기록부터 보겠습니다.

《세종실록》111권, 세종 28년1446년 **2월 2일**

사헌부에서 아뢰었다.

"요사이 듣건대, 효령대군이 그 아들을 위하여 며느리를 고르면서, 최윤용과 조서강의 딸을 제집에다 함부로 데려다가 예쁜지 추한지 보았다 하오니, 참람하며 예법에 어긋난 일입니다. 또한 처녀들도 얼굴을 예쁘게 단장하여 선보는 데에 나아갔으니 그것이 혼인의 올바르게 시작하는 도리란 점에 비추어 어떻겠습니까? 대군은 심문하고 탄핵하기가 어렵겠지마는, 최·조 양가를 심문하소서."

임금이 말하였다.

"대군의 이번 일은 매우 예절에 어긋나지마는 그러나 양가를 심문하게 된다면 대군으로 구실을 삼는 데에 불과할 뿐이니, 이와 같이 된다면 장차 어떻게 처리하겠는가?"

이러면서, 윤허하지 아니하였다.

사헌부 건의의 요점은 무엇일까요? 효령대군이 며느리를 고르면서 두 집안의 처녀를 집으로 데려다 그 얼굴이 예쁜지 못생겼는지 미리 본 게 잘못이라는 지적입니다. 양가 처녀도 예쁘게 단장하여 그 집에 가서 선을 보였고 이 행위도 불법이니 잡아다 심문해야 한다고 주장했습니다. 지금의 우리로서는 혼인할 사람의 얼굴을 보는 것은 당연한 절차라고 생각하기에 이해하기 어려운 말일 수도 있습니다.

이 상소문을 받고 세종은 허락하지 않았는데요. 효령대군의 처사가 잘못이긴 하지만, 그럴 수 없다고 하면서 분명한 이유도 없이 회피한 셈입니다. 그렇다고 가만히 있을 사헌부가 아니었습니다.

두 번째 상소가 올라오는데, 이전보다 길게 쓰인 이 상소문에서는
좀 더 구체적으로 효령대군과 양가의 행위가 왜 잘못인지 드러나
있습니다.

《세종실록》111권, 세종 28년1446년 **2월 7일**

사헌부에서 상소하였다.

"군신의 분별은 천지의 질서이니 진실로 문란할 수가 없는
것이며, 혼인 예절은 인도의 큰 근본이니 또한 어지럽게 할
수가 없는 것입니다. 이런 까닭으로, 육례六禮: 혼인의 6가지 예
법를 갖추는 것은 인륜의 시초를 중하게 여기는 때문이요,
명분을 엄하게 하는 것은 참람의 징조를 막게 하기 때문입
니다. 진실로 신하가 되어 분수를 범하고 예절을 어긴다면
나라에 일정한 법률이 있어 죄를 피할 수가 없습니다. 지금
효령대군 이보는 왕실의 지친으로서 어릴 때부터 자못 경
서와 역사서를 널리 읽었으니 군신의 분별과 혼인의 예절
에 대해서는 잘 익혔을 것인데, 어찌 분별을 문란시킬 수 없
다는 것, 혼인을 어지럽게 할 수 없다는 것을 알지 못하겠습
니까?

진실로 부귀한 지위에 높이 있으매 사치한 마음이 한번 싹
트게 되어 능히 절제하지 못하여 전 부사직 최윤용의 딸을

강제로 맞아서 자기 집에 오게 하고는, 친히 예쁜가 추한가를 보고 자식을 위하여 배필을 선택하되 처음에 스스로 그 뜻에 만족하지 않자 다시 죽은 참판 조서강의 딸을 오게 하여 또 선택을 과감하게 행하였으니, 궁궐의 예절에 참람한 단서가 이미 나타났습니다.

우리 전하께서는 한 나라의 임금이 되어 나라를 다스리고 억조 백성을 신하로 삼으셨습니다. 그런 까닭으로 친히 처녀를 가려 세자의 배필을 삼게 하셨으니 혼례를 중하게 여기고 자손을 번성하게 하는 것이므로 신하들이 참람하게 본받을 것은 아닙니다. 대저 부인이란, 비록 이미 다른 사람에게 시집갔더라도 남을 전송하고 영접할 적에 문밖에 나오지 않으며 형제를 보더라도 문지방을 넘지 않는 법인데, 하물며 처녀는 침실 안에 깊이 거처하고 있으므로 친척과 사위들도 또한 보기가 드물게 되는데, 어찌 다른 사람에게 얼굴을 보여서 그 배필을 구하겠습니까?

옛사람은 한번 더불어 혼인하게 되면 남자가 비록 혹시 장가들지 못하고 죽더라도 여자는 종신토록 초례를 행하지 아니하였는데, 조 씨는 이미 선택에 합격했으니 오히려 말할 수 있지마는 최 씨 같은 사람은 어찌 종신토록 허물이 되지 않겠습니까? 또 하물며, 조 씨는 바야흐로 아버지 상중에 있으면서 슬퍼하여 몸의 여윔이 극도에 이르렀는데, 상복을 벗고 비단옷을 입으며 얼굴을 예쁘게 단장하여 선보는 데 나아갔으니 어찌 상중에 있는 자식의 마음이라 하겠습니까?

탈정기복奪情起復 : 상을 당한 사람을 강제로 상복을 벗고 일상생활로 돌아오게 함은 진실로 고위 관료로서 관계가 지중至重한 사람이 아니면 임금도 오히려 차마 하지 못하는데, 효령대군은 비록 귀하지만 엄연히 신하인데 어찌 상복의 여자를 마음대로 벗게 하고는 스스로 시험해 보아, 임금을 참람히 본받고자 하는 것입니까? 분수를 범犯하고 예절을 어긴 점이 진실로 너무 심한 편입니다.

만약 이를 두고 문책하지 않는다면 권문세가의 사람들이 잇달아 본받게 될 것이오니 훗날의 폐단은 장차 이루 말할 수가 없을 것입니다. 삼가 바라옵건대, 전하께서는 종부사宗簿寺 : 종친부에 명령을 내리시어 그 이유를 캐어물어 참람의 징조를 막게 하소서. 또 그 여자의 집안은 이미 시골 백성이 아니고 모두 명문대가의 후손으로서 전부터 가정 교훈을 받았으니, 여자가 쉽사리 다른 사람에게 얼굴을 보일 수 없음을 모르지는 않을 것인데, 다만 그 딸을 갑자기 귀하게 하고자 하여, 예의를 돌아보지 않고 그 딸로 하여금 부끄러운 얼굴로 선보는 데에 나아가게 했으니, 그 염치가 적음이 또한 이미 심한 편입니다. 특별히 신 등에게 명하시어 그 죄를 끝까지 다스려 풍속을 장려하게 하소서."

임금이 회답하지 아니하였다.

이 상소문을 보면 효령대군과 두 처녀 집안의 행위가 왜 잘못인지 자세히 나타나 있습니다. 조선왕조의 예법으로는 오직 임금만이 왕비나 세자빈을 간택할 때 처녀의 얼굴을 미리 보아 선택할 수 있었다고 합니다. 신하는 그 누구이든 왕실의 어른이라도 예외가 없이 처녀의 얼굴을 보고 골라서는 안 되는 일이었습니다.

그런데도 효령대군이 며느리를 선택하기 위해 두 처녀를 집에 오게 하여 얼굴을 보았다는 겁니다. 심지어 처음에 최 씨의 딸을 보고 얼굴이 예쁘지 않자 상중에 있던 조 씨의 딸을 오게 하여 선택했으니 이중으로 잘못했다 지적하고 있습니다. 임금도 아니면서 처녀의 얼굴을 보고, 상중의 처녀를 단장시켜 오게 했으니 더욱더 치명적인 잘못이라고 했습니다.

세종은 이번에도 회답하지 않았고, 사헌부에서도 더는 거론하지 않았습니다. 세종과 효령대군과의 우애가 깊다는 것을 알기에 문제 제기만 하고 더는 문제 삼지 않은 게 아닌가 합니다. 상습적인 것도 아니고 어쩌다 일어난 일이라서 그런지도 모릅니다.

그런데 여기에서 의문이 생깁니다. 도대체 효령대군은 왜 이런 무리수를 두어 사헌부의 입방아에 올랐을까요? 예법을 모르는 분도 아닐 텐데 궁금해집니다. 정확한 그 속마음은 알 수 없습니다. 지극히 개인적인 생각이지만 효령대군은 그 당시 예법 이전에 부모로서의 자연스러운 마음이 우선해서 그런 것은 아니었을까 싶습니다. 할 수만 있으면 예쁜 며느리를 맞아들이고 싶은 것이야 어떤 부모든 가질 수 있는 마음이지요. 다만 일반인은 감히 예법을 어길 용기가 없어 그렇게 하지 못할 뿐입니다.

그러나 효령대군은 예법의 굴레를 벗어난 행동을 하였고 이렇게 할 수 있었던 데는 불교 세계관이 작용하지 않았나 생각합니다. 현실의 논리를 철저히 긍정하는 게 유교적 가치관이라면, 현실을 초월하는 게 불교적 세계관이라고 할 수 있습니다. 예법보다는 마음 흘러가는 대로 행동하다 보니 처녀의 얼굴을 직접 보아 며느리를 고르는 데 이르렀던 게 아닌가 합니다.

요즘은 결혼할 때 서로의 얼굴을 직접 보고 나서 결정하는데 어쩌면 효령대군은 결혼 문화에서 시대를 앞서갔다고도 할 수 있습니다. 의도하지 않았지만 결과적으로 그런 시대가 왔으니 말이죠. 사람을 위해서 예법이 있는 게 아니라, 예법이 사람을 위해 있다는 생각을 효령대군은 내심 지니고 있었는지도 모르겠습니다.

9.
형 양녕대군과의
우애

효령대군은 동생인 세종과의 우애만 좋았던 게 아닙니다. 형인 양녕대군과도 사이좋게 지냈는데 다음 기록에서 확인할 수 있습니다.

《세종실록》 112권, 세종 28년1446년 4월 23일

처음에 효령대군이 회암사에서 불교행사를 하였는데, 형 양녕대군이 역시 들에 가서 사냥하여 잡은 새와 짐승을 절 안에서 구웠다. 효령이 말하였다.

"지금 불공을 드리는데 이렇게 하면 안 되지 않소?"

양녕이 말하였다.

"부처가 만일 영험이 있다면 자네가 쓰고 있는 오뉴월의 이엄 耳掩 : 관복 입을 때 사모 밑에 쓰던 모피로 만든 방한구. 귀마개은 왜 벗기지 못하는가? 나는 살아서는 국왕의 형이 되어 부귀를 누리고, 죽어서는 또한 불교신자의 형이 되어 보리 菩提 : 깨달음에 오를 터이니, 또한 즐겁지 아니한가?"

효령은 말이 없었다. 효령이 장차 이 절에서 법회를 베풀려고 하여 스님들을 모아 시를 짓게 하고, 승려 만우 卍雨로 하여금 등수를 매기게 하였다. 한 중이 읊은 시의 구절에 이런 게 있었다.

"효령대군은 미륵신 彌勒身 : 미륵불의 현신이다."

효령대군이 병이 있어서 아무리 더운 때라도 항상 털로 된 이엄을 쓰기 때문에 한 말이었다.

양주 회암사에서 효령대군이 불교 행사를 주관하고 있는데 이 엄숙한 시간에 형 양녕대군이 사고를 쳤습니다. 사냥 가서 잡은 새와 짐승을 절간 안에서 굽는 만행을 저지른 거죠. 아무리 너그러운 효령대군도 참을 수 없어, 한마디 했습니다.

효령의 이 말을 들은 양녕대군의 반응은 더 충격적이었습니다. 보통 사람 같으면 미안하다며 사과해야 마땅한데 양녕은 예상 밖의 대답을 합니다. 부처가 있다면, 그 영험성으로 효령대군의 병을

낮게 하여 오뉴월에 이엄을 쓰지 않게 해 줄 수 있어야 하는데, 왜 그러지 않느냐고 핀잔하면서 덧붙인 말이 흥미롭습니다.

그 말의 요지는 자신이 아무리 못된 짓을 하여도 국왕의 형이니 이 세상에서 평생 부귀를 누릴 것이며, 독실한 불교 신자인 동생의 형이니 그 덕분에 깨달음을 얻어 죽어서 윤회에서 벗어날 것이니 무슨 걱정이 있느냐는 것입니다. 자신은 근심할 게 없어 즐거울 뿐이라고 했습니다. 이는 물론 농담으로 한 말이지만, 세종과 함께 효령대군과의 관계가 매우 원만했다는 것을 보여줍니다.

이 말은 사실인데, 세종이 왕이 되고 나서 양녕대군을 견제하려는 신하들의 상소가 계속되지만 적극적으로 옹호하는 게 세종의 반응이었습니다. 권력에 걸림돌로 작용할 수 있는 양녕대군이었지만 그 덕분에 천수를 누렸으니, 양녕대군의 말대로 "살아서는 국왕의 형이 되어 부귀를" 누렸습니다. 효령대군과의 관계도 마찬가지입니다. 둘의 관계가 소원했다면 회암사 근처에서 사냥하지도 않았을 것이고, 사냥한 새와 짐승을 감히 사찰 안에서 구워 먹을 생각은 애당초 하지 않았을 것입니다. 효령대군이 넉넉히 품어주리라 여겨서 그랬다고 보입니다.

역시 효령대군은 양녕대군의 이 말에 대해 묵묵부답이었기에 묵인했다고 여겨집니다. 이 사건은 효령대군의 〈졸기〉에도 다뤄졌는데 약간 변형이 되어 있기는 하나 내용은 동일하게 나옵니다.

효령대군 이보가 일찍이 절[寺]에 예불하러 나아갔는데, 양녕대군 이제가 개를 끌고, 팔에는 매를 받치고는 첩들을 싣고 가서 절의 뜰에다 여우와 토끼를 낭자하게 여기저기 흩어 놓으니, 효령대군 이보가 마음에 언짢게 여겨, 이에 말하였다.

"형님은 지옥이 두렵지도 않습니까?"

양녕대군 이제가 말하였다.

"살아서는 국왕의 형이 되고, 죽어서는 보살의 형이 될 것이니, 내 어찌 지옥에 떨어질 이치가 있겠는가?"

이 기록에서는 양녕대군의 비행이 더 구체적입니다. 개를 끌고 팔에는 매를 받쳤다고 하여 사냥할 때의 차림까지 생생하게 묘사하고 있습니다. 이른바 매사냥도 했다는 것을 알 수 있고 심지어 첩들까지 절에 데리고 갔다니 자유분방하기 짝이 없는 양녕대군의 모습이 나타납니다. 사냥해 온 여우와 토끼를 절의 뜰에 늘어놓은 것을 본 효령이 지옥이 두렵지 않으냐고 물었습니다. 형의 미래가 걱정되어서 한 말일 텐데, 양녕은 효령 덕분에 지옥에 떨어지지는 않을 거라고 대답합니다. 앞의 버전보다 상세하기는 하나 두 분의 우애를 느끼기에는 둘 다 충분하다고 봅니다.

이 이야기는 여러 사람의 입에 오르내렸던 듯한데 남효온의 《추강냉화》에도 다른 버전으로 실려 있습니다.

양녕대군 이제가 주색에 빠져 세자의 지위를 잃기는 했으나, 천성이 너그럽고 활달하여 평생토록 자기 몸을 잘 보양하였고, 주색과 사냥 이외에는 한 가지도 손을 대지 않았다. 그의 아우 효령대군 이보가 불교를 좋아하여 불교행사를 하고 양녕대군을 청하였더니, 양녕대군이 사냥꾼과 활 쏘는 사람을 거느리고, 사냥개와 사냥하는 도구를 가지고 가서, 몰래 토끼와 여우를 잡게 하고 자기는 가서 불교행사에 참례하였다. 조금 뒤에 사냥꾼은 짐승을 바치고 음식 만드는 사람은 구운 고기를 가져오고, 모시는 사람은 술을 올렸다. 효령대군이 한창 부처에게 절하고 머리를 조아리는데 양녕대군은 고기를 씹고 술을 마시면서 태연자약하니, 효령대군이 정색하고 청하였다.
"형님, 오늘은 술을 그만두시지요."
양녕대군이 웃으면서 말했다.
"나는 평생에 하늘이 복을 후하게 주시므로 고생을 아니한다. 살아서는 왕의 형이 되고 죽어서는 부처의 형이 된다."
여기서 부처란 효령대군을 가리킨 것인데, 선비들의 공론이 통쾌하게 여겼다.

여기에서 기록은 또 약간 다른 게 이 불교 행사에 효령대군이 양녕대군을 초청했다고 하여 두 분의 우애를 짐작하게 합니다. 효령대군이 불교 행사 중 예불하는 바로 옆에서 양녕대군이 어떻게 대조적인 모습을 보였는지도 실감나게 표현했습니다.

양녕대군은 몰래 잡아 오게 한 토끼와 여우고기를 씹고 술을 마십니다. 효령대군이 정색하며 술을 그만하라고 말리자, 죽어서는 부처의 형이 된다고 능청맞게 대답합니다. 누구나 깨달으면 부처라는 불교의 논리를 빌어와 효령이 부처이니 자신도 사후에 걱정할 게 없다는 말입니다. 자신은 불교를 믿지 않고 살생하여도 동생 덕분에 저절로 부처의 형이 되겠다고 합니다. 이 역시 형제간의 우애가 바탕에 깔려 있지 않고서는 불가능한 대화입니다. 동생이 넉넉히 품어줄 수 있으리라 믿기에 이런 농담도 했고 효령대군의 불교 신앙이 신실해 그가 부처가 될 거라고 확신하는 발언이었다고 생각합니다.

10.
최초의 지방자치 규약
'향헌'의 제정

　우리는 향약에 대해서는 많이 알고 있으나 그 이전에 향헌이 있었다는 사실은 잘 모릅니다. 1469년 74세의 효령대군이 지방자치 규약으로 제정한 〈향헌 56조〉야말로 향약의 시초라고 할 수 있습니다. 이 향헌鄕憲을 토대로 향촌마을 자치공동체가 500년간 모범적으로 이루어져 왔다고 《조선왕조실록》은 전해줍니다.

> ### 《고종실록》 40권, 고종 37년1900년 5월 25일

내부대신 이건하가 아뢰었다.

"방금 함경남도의 벼슬아치와 선비 이과영 등의 상언上言:

에 대해 결재한 글을 보니 이렇습니다.

'삼가 아룁니다. 본도_{함경남도} 각군의 향규는 옛날 우리 태조 고황제께서 함흥에 머물렀을 때 향헌목_{鄕憲目} 41조를 직접 지으셨고, 뒤이어 효령대군이 명을 받들어 계속하여 풍패 향록안과 향헌 56조를 지었으며, 또 향헌비를 세우고 직접 쓴 것이 오늘까지 전하고 있으며, 이어 전후의 책자들을 도내의 여러 군에 반포하였습니다. 시골 사람들 중에서 재능과 인망이 있는 자는 향장_{鄕長}으로 차출하고, 문예에 우수한 자는 교장_{校長}과 양감_{養監}으로 차출하고, 무예에 익숙한 자는 훈청_{訓廳}의 수석 무관으로 차출하였는데, 온 도내 사람들이 500년 동안 받들어 준수하고 있습니다. 그런데 갑오경장 이후로는 향임의 네 자리를 향장_{鄕長} 한 자리로 바꾸고, 장교 다섯 자리를 순교_{巡校} 네 자리로 바꾸었습니다. 중략'

교장은 풍속과 교화에 모범을 보이는 사람이며 향임은 정무를 돕는 사람이니, 그 소임을 보면 신중하고도 중요하지 않은 것이 없습니다. 이 도_道로 말하면 태조 고황제께서 직접 지은 향헌목을 준수하여 온 지 500년이나 되므로 더욱 특별히 그것을 신중히 해야 할 것입니다. 하략"

효령대군이 제정한 〈향헌 56조〉

《고종실록》40권을 보면 알 수 있듯이, 태조 이성계가 함흥에 머무를 때 만든 〈향헌목 41조〉가 있었고, 이를 이어받아 효령대군이 〈향헌 56조〉를 지었습니다. 1398년 태조가 친히 자신의 향리인 풍패향豊沛鄕에 대해 제정한 41조의 〈헌목憲目〉이 있었고, 같은 해 효령대군이 이를 선목善目: 선행의 목록 21조, 악목惡目: 악행의 목록 35조로 증보하여 반포·시행한 것이 〈향헌 56조〉입니다.

이 〈효령대군 향헌〉은 우리나라 최초의 향약으로서 '풍패읍향약안豊沛邑鄕約案'이라고도 불립니다.

향헌은 조선시대 중기 이후 향약이라는 이름으로 지속되었는데,

향약 제도는 오늘날 관혼상제에서의 상부상조 관행, 재난 시의 협동정신 발휘 등으로 공동체 의식의 생활화에 기여해왔습니다. 중앙 집중이 아니라, 지방분권화가 시대적 대세이며 중요한 과제가 되는 21세기에 아주 값진 사례이지요. 효령대군이 제정한 〈향헌 56조〉의 구체적인 항목을 보면 다음과 같습니다.

　특히 〈향헌 56조〉는 선목21조와 악목35조로 구성되어 있는데, 선목은 백성으로서 반드시 지키고 실천해야 할 행동이며, 악목은 백성들이 절대로 행동해서는 안 되는 생활 규범입니다.

효령대군이 제정한 〈향헌 56조〉

선목 善目: 선행의 목록 21조

제1조 **父母孝養** 부모효양 : 부모님을 봉양하고 효도하여야 한다.

제2조 **土主尊敬** 토주존경 : 관찰사나 원님을 존경해야 한다.

제3조 **夫妻和順** 부처화순 : 부부간에는 화합하고 순응해야 한다.

제4조 **男女有別** 남여유별 : 남녀 간에는 분별이 확실해야 한다.

제5조 **少長有序** 소장유서 : 어른과 젊은이 사이에 질서가 있어야 한다.

제6조 **朋友有信** 붕우유신 : 친구 간에는 믿음과 의리가 있어야 한다.

제7조 **喪祭誠敬** 상제성경 : 상례와 제례는 정성스럽고 경건해야 한다.

제8조 **隣里和同**인리화동 : 이웃 간에는 서로 돕고 화목해야 한다.

제9조 **敬老慈幼**경로자유 : 노인을 공경하고 어린이를 사랑해야 한다.

제10조 **學書通古**학서통고 : 글을 익혀 옛것을 배워야 한다.

제11조 **患難相救**환난상구 : 어려움을 당하면 서로 도와야 한다.

제12조 **婚姻相助**혼인상조 : 혼인의 경사에는 서로 돕고 축하해야 한다.

제13조 **臨亂執節**임란집절 : 국난을 당하면 절개를 지켜 충성을 다해야 한다.

제14조 **官事勤儉**관사근검 : 공직자는 부지런하고 검소하여야 한다.

제15조 **受人寄託**수인기탁 : 적은 정표는 받아주는 예의가 있어야 한다.

제16조 **持身廉勤**지신렴근 : 몸가짐은 청렴하고 부지런해야 한다.

제17조 **見善必行**견선필행 : 선행은 반드시 실천해야 한다.

제18조 **聞過必改**문과필개 : 허물이 있으면 반드시 고쳐야 한다.

제19조 **務農節用**무농절용 : 농사에 힘쓰고 절약하여 사용한다.

제20조 **田畔相讓**전반상양 : 토지의 경계는 서로 양보하여야 한다.

제21조 **學書習武**학서습무 : 학문과 무예를 함께 닦아야 한다.

악목 惡目:악행의 목록 **35조**

제1조 **父母不孝** 부모불효 : 부모에게 효도하지 않는 행위

제2조 **疎薄正妻** 소박정처 : 이유 없이 본처를 박대하는 행위

제3조 **妻妾背夫** 처첩배부 : 부인이 남편을 배반하는 행위

제4조 **土主不敬** 토주불경 : 관찰사나 원님을 존경하지 않는 행위

제5조 **男女無別** 남녀무별 : 남녀 간에 분별없이 예의를 지키지 않는
행위

제6조 **朋友不信** 붕우불신 : 친구 간에 신의를 지키지 않는 행위

제7조 **兄弟不和** 형제불화 : 형제간에 화합하지 않는 행위

제8조 **隣里不睦** 인리불목 : 이웃 간에 화목하지 않는 행위

제9조 **患難不救** 환난불구 : 어려움을 당했을 때 서로 돕지 않는 행위

제10조 **竊人妻妾** 절인처첩 : 다른 사람의 부인을 빼앗아 농락하는 행위

제11조 **婚姻不助** 혼인부조 : 혼인의 경사에는 돕지 않는 행위

제12조 **盜賊害物** 도적해물 : 재물을 훔쳐 남을 해치는 행위

제13조 **喪祭不勤** 상제불근 : 초상과 제사에 예의를 지키지 않는 행위

제14조 **官員欺罔** 관원기망 : 공직자를 속이는 행위

제15조 **官事不勤** 관사불근 : 공직자가 공무를 소홀히 하는 행위

제16조 **寄託不受** 기탁불수 : 적은 정표를 거절하는 행위

제17조 **無故闕防**무고궐방 : 정당한 사유 없이 국방의 의무를 이행하
지 않는 행위

제18조 **好訟行讒**호송행참 : 소송을 좋아하고 남을 모략하는 행위

제19조 **旅師弄權**여사롱권 : 군 지휘관이 직권을 남용하는 행위

제20조 **妓生作妾**기생작첩 : 기생을 첩으로 삼는 행위

제21조 **爭鬪相殘**쟁투상잔 : 싸우기를 좋아하여 사람을 해치는 행위

제22조 **奸吏作弊**간리작폐 : 간교한 공직자가 민폐를 끼치는 행위

제23조 **賄賂干請**회뇌간청 : 공직자에게 뇌물을 주어 부당한 일을 꾀
하는 행위

제24조 **以强凌弱**이강능약 : 강한 사람이 약한 사람을 짓밟는 행위

제25조 **以少凌長**이소능장 : 젊은 사람이 노인을 업신여기는 행위

제26조 **賤人交友**천인교우 : 천박한 사람을 벗으로 사귀는 행위

제27조 **以賤凌貴**이천능귀 : 낮은 신분으로 높은 품계의 신분을 질투
하는 행위

제28조 **行己無恥**행기무취 : 자기의 잘못된 행동을 부끄러워할 줄 모
르는 행위

제29조 **以惡凌善**이악능선 : 악으로 선행을 짓밟는 행위

제30조 **憑公營私**빙공영사 : 공무를 핑계로 사욕을 챙기는 행위

제31조 **冠服相章**관복상장 : 제도와 품계에 맞지 않는 의관을 착용하
는 행위

제32조 **田畔相侵**전반상침 : 이웃 토지의 경계를 부당하게 침범하는
행위

제33조 **知非謬擧**지비유거 : 그릇된 줄 알면서 남에게 알선하는 행위

제34조 **挾私論人**협사논인 : 사사로운 감정으로 사람을 평하는 행위

제35조 **惰農虛費**타농허비 : 직무를 게을리하고 낭비는 헛되이 하는
행위

위에서 보는 것과 같이, 이 향헌에는 삼강오륜으로 일컬어지는
유교적 덕목들과 함께 공동체 의식, 공직자의 자세 등이 담겨 있습
니다.《경국대전》이 조선왕조의 국가 질서를 총괄해서 이끌어갔다
면, 향헌과 향약은 지역사회와 생활 문화를 이끌어간 지침이었습
니다. 태조의 향헌은 함흥에서 시범 운영하였고, 효령대군의 '증보
판 향헌'은 더 여러 지역에서 시범 시행하였습니다.

향헌은 지방자치 또는 지방분권화를 화두로 삼고 있는 요즘, 깊
이 음미할 만한 가치를 지니고 있습니다. 물론 지금은 더 이상 유
교 사회도, 농업사회도 아니지만 유교의 덕목 가운데에서 지금도
사람다운 삶을 위해 여전히 필요한 보편적인 것들이 있듯, 이 〈향
헌〉도 마찬가지입니다.

예컨대 선목 제11조 "患難相救_{환난상구} : 어려움을 당하면 서로 도와야 한다"를 볼까요? 코로나 팬데믹을 겪으며 우리가 절실하게 깨달은 덕목이 바로 이것입니다. '각자도생하려 해서는 안 된다'는 이 교훈은 시대를 초월해 피가 되고 살이 되는 소중한 삶의 지침입니다. 위기 상황에서 서로 도와야만 인류는 지속 가능한 미래를 열어 갈 수 있으니, 〈향헌 56조〉의 정신은 앞으로도 계승해 발전해 나가야 합니다.

악목 제30조 "憑公營私_{빙공영사} : 공무를 핑계로 사욕을 챙기는 행위"도 그렇습니다. 공직자가 직위를 이용해 사리사욕을 채운다면, 그 사회나 조직은 건강할 수 없습니다. 오늘날 회사원이나 공직자들의 윤리의식 저하로 정보를 유출한다거나, 뇌물을 수수한다거나 하는 일이 끊이지 않는 것을 볼 때 이 항목도 제4차 산업혁명 시대, 인공지능 시대로 접어드는 지금도 유효하다 할 수 있습니다.

더불어 살아가는 지역공동체의 행복과 질서를 위해 이런 자치 규약은 여전히 필요합니다. 정보화 사회의 필요와 각 지역의 특성을 반영하는 새로운 자치 규정을 만들 때 효령대군의 향헌은 온고지신의 모델로 삼을 만합니다.

11.
효령대군이 불경을
한글로 번역하다
— 매월당 김시습과의 교류와 불경 번역

　우리나라 최초 소설《금오신화》를 지은 매월당 김시습은 조선 전기의 문제적 인물입니다. 5세 때부터 신동이라 불릴 만큼 글재주가 뛰어나 세종의 촉망을 받았으나, 21세 때 수양대군의 왕위 찬탈 소식을 듣고 3일간 통곡하다가 보던 책을 불사른 뒤 승려가 되었습니다. 사육신이 처형되어 모든 사람이 세조가 두려워 벌벌 떨고 있을 때, 거열형으로 찢어진 사육신의 시신을 바랑에 주섬주섬 담아다가 노량진 가에 임시 매장한 사람이 바로 김시습이었다고 전해집니다.

　김시습은 생육신으로서 단종에 대한 절개를 끝까지 지키며 유랑인의 삶을 살다 갔습니다. 방랑을 시작한 동기도 분명하게 밝힌 바 있습니다. "나는 어려서부터 성격이 질탕하여 명리를 즐겨 하지 않

고 생업을 돌보지 아니하여 다만 청빈하게 뜻을 지키는 것이 포부였다. 본디 산수를 찾아 방랑하고자 하여 좋은 경치를 만나면 이를 시로 읊조리며 즐기면서 친구들에게 자랑하곤 하였지만, 문장으로 관직에 오르기를 생각해 보지는 않았다. 하루는 홀연히 감개한 일 세조의 왕위찬탈 을 만나 남아가 이 세상에 태어나서 도道를 행할 수 있는데도 벼슬하지 않음은 부끄러운 일이며, 도를 행할 수 없는 경우에는 홀로 그 몸이라도 지키는 것이 옳다고 생각하였다."

이러던 김시습이 29세 1463년, 세조 9년 때, 세조가 지원하는 불경 언해사업에 참여하여 교정校正 한 일이 있습니다. 이는 효령대군의 권유 때문이었는데요. 이에 대해 김시습이 직접 술회한 글을 볼까요? 〈내불당內佛堂〉이라는 시와 거기 얽힌 사연입니다.

내불당 內佛堂

계미년癸未年 1463년 세조 9년 가을에 책을 사려고 서울에 오니 그때 주상主上 : 세조 이 《연화경蓮華經》을 번역하고 있었는데, 효령대군孝寧大君 은 내가 글을 안다 하여 주상에게 허락을 받아 내불당內佛堂 에서 열흘간 교정을 보게 하였다.

영릉英陵, 세종 이 늘그막에 불교를 좋아하여 英陵晚好釋迦談
북악산 허리에다 암자를 지었지 城北山腰創一菴.

가요〈월인천강지곡〉을 말함 를 만들어서 사녀土女 들에게 나누어
주었으나 爲製歌謠頒士女
다만 진국 술이지 주흥은 몰랐네 只緣醇酎不知酣.

세조 9년1463년, 은거 중이던 김시습이 책을 사려고 서울에 왔을
때 일이라고 합니다. 그때 세조가 간경도감을 설치해 불경을 한글
로 번역하는 사업을 진행하여 《연화경》, 즉 《법화경》을 번역하고
있었는데, 효령대군의 추천으로 거기 참여하여 열흘간 내불당에서
교정을 보았다는 것이죠.

아울러 김시습은 당시의 일을 시로 표현하면서 작업 공간이었던
내불당이 세종이 늙은 나이에 불교를 좋아한 나머지 북악산에 지
은 암자라고 설명했습니다. 그곳에서 부처님을 찬송하는 노래 〈월
인천강지곡〉을 지어 사대부의 여성들에게 나누어 주었지만, 그 진
정한 맛은 몰랐다고 했는데 이는 불경 번역의 중요성을 강조하기
위한 발언입니다.

시는 함축적이므로 그 맥락을 제대로 알기 위해서는 한문 산문을
상하층 모두 쉽게 읽도록 한글로 번역해야만 노래를 지은 목적도
제대로 이루어질 수 있다고 보았던 듯합니다.

이 같은 매월당의 생각은 다른 글에도 보이는데 〈새로 번역한 연
화경〉이란 시와 거기에 딸린 글에서 다음과 같이 언급했습니다.

<새로 번역한 연화경> 新譯蓮經一

대궐에서 《연화경 蓮華經》번역을 하니 蓮經譯自九重深

한 구절의 빈가頻迦 : 극락정토에 산다는 새 이름으로, 그 울음소리가 아름
답다 함도 새보다 뛰어나네 一句頻迦出衆禽.

진 秦 나라에 들어온 불경 佛經, 말이 통하지 않았는데 梵筴到秦
言尚澁

중국말로 된 책도 뜻을 알기 어려워라 華言自什趣難尋.

낭랑한 진리의 말은 은하수처럼 밝은데 琅琅諦語昭雲漢

역력하게 해석하니 오묘한 말이 연출되네 歷歷眞詮荷妙音.

한漢 나라·당唐 나라의 번역한 자취 살펴보면 觀彼漢唐翻解迹

현장과 등란은 우리 임금 마음 같았네 奘蘭能似我王心.

한漢 나라의 등란 騰蘭과 당唐 나라의 현장은 하나의 필부匹
夫이었다. 그러나 등란은 본래 호인胡人이었고 현장은 다
만 불경을 해석하는 중으로서 한때 자랑거리가 된 데에 불
과하다. 이들이 어떻게 우리 전하殿下 : 세조 처럼, 문치文治와
무공武功이 역대의 제왕帝王보다 초월하면서도 정무政務를
다스린 여가를 선용하여 백성을 제도할 목적으로 직접 불
경을 번역해서 어리석은 백성을 교육시킨 것과 같겠는가?
참으로 천고千古의 제왕에게는 듣지 못한 일이다.

당시 세조가 간경도감을 설치해 1461년부터 추진하고 있던 불경 언해 작업 중《법화경》한글 번역의 의의에 대해 김시습이 간결하게 말했습니다.

중국에서 들어온 불경이 한문이라서 우리한테는 말이 통하지 않았는데, 또렷하게 우리말로 해석^{번역}하니 비로소 그 오묘한 진리가 드러났다고 했습니다. 산스크리트어로 되어 있던 불경을 중국의 현장과 등란 두 사람이 중국인들을 위해 한문으로 번역한 것은, 우리나라 세조가 간경도감을 설치해 불경을 우리말로 번역한 것과 대등한 일이라고 추앙했습니다.

맞는 말입니다. 한문을 아는 일부 유식자들만 읽을 수 있었던 불경을 한글로 번역해 하층민도 이해하도록 한 세조의 업적은 컸습니다. 또한 이 일에 당대 최고의 실력자인 매월당 김시습을 참여시켜 교정 작업을 권유한 효령대군의 역할도 주목할 만합니다. 두 분 사이의 특별한 교분이 아니고서는 어려운 일이었습니다. 더욱이 세조의 노선을 거부했던 매월당의 마음을 돌려 이 일에 협력하게 한 것을 보면, 그 당시 효령대군이 두루 추앙받고 있었음이 짐작됩니다.

하지만 매월당 김시습은 역시 야인이었는지 다시 은거하려 서울을 떠나려 했고, 그 심경을 〈효령대군에게〉라는 시로 남겼습니다.

효령대군에게-산으로 돌아가기를 빌면서 효령대군에게 드리다乞邊山呈孝寧大君.
그 당시 서울에 지체하고 있던 것은 효령대군의 만류 때문이었다.

가시나무가 어떻게 상서 구름을 감당하랴荊棘難堪捧瑞煙?
환한 임금의 조서를 가리킴. 땀이 한 번 나오면 들어가지 못하듯, 임금의 조서도 취소할 수 없음의 임금 은혜 지극히 흡족하나澳汗聖恩雖至渥
고질이 된 신의 병은 고치기 어렵네膏盲臣疾實難症.
새벽녘 나그네의 꽃다운 꿈은五更客夢芳於草
한 가닥 돌아가고픈 마음 솜처럼 어지러워라一點歸心亂似綿.
저 멀리 고향 산천 천 리나 되는데遙想故山千里遠
푸른 봉 밝은 달은 몇 번이나 떴다 졌나碧峰明月幾重圓?

김시습이 효령대군에게 산으로 돌아가는 것을 허락해 달라는 청으로, 본래 초라한 집에서 한갓지게 살던 몸이 구중궁궐에서 불러 주시는 은혜를 입어 진정으로 감당하기 어렵다는 마음을 적은 시입니다. 궁중의 불사에 참여하라고 세조가 직접 어명을 내렸으니, 그 은혜는 지극하다면 지극하다고 할 수 있지만 산야山野를 사랑하는 병이 사무쳐서 도무지 치료할 길이 없다고 하였습니다.

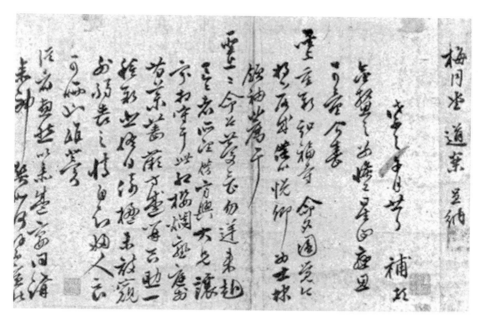

효령대군이 김시습에게 쓴 편지

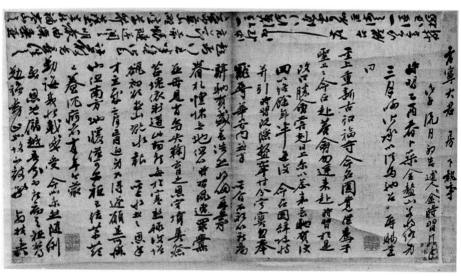

김시습이 효령대군에게 쓴 답신 편지

그런 사람이면서도 효령대군 때문에 한양에 머물러 불경언해를 돕다가 다시 돌아가면서 먼저 효령대군에게 알린 것을 보면, 효령대군에 대한 김시습의 깊은 존경심을 확인할 수 있습니다.

효령대군은 불경 언해 사업에 매월당 김시습을 참여시키기만 한 게 아니고 본인도 스스로 참여하며 직접 번역을 하고 교정하기도 하였습니다. 1463년《법화경》, 1464년《선종영가집 禪宗永嘉集》과《금강경》, 1465년《반야바라밀다심경 般若波羅蜜多心經》을 신미대사 등과 함께 언해하고《원각경》을 교정했습니다.

효령대군이 한글 번역에 참여한《선종영가집언해 禪宗永嘉集諺解》의 경우를 들어, 그 의의가 무엇인지 살펴보기로 합니다.《선종영가집》은 선정 참선에 들 때 주의해야 할 일과 수행의 방법을 설명한 책으로써, 선종의 중요한 불경입니다.《선종영가집언해》는 1464년 세조가 친히 한글로 구결을 달고, 혜각존자 신미信眉 와 효령대군孝寧大君 등이 번역하여 1464년 세조 10년 에 간경도감에서 간행한 책입니다.

《선종영가집언해》에서 우리말 번역의 고마움을 느끼게 하는 대목 몇 가지를 추려 보았습니다. 위는 구결을 단 것, 그 아래는 우리말로 번역한 것인데 비교해 보면 그 차이를 알 수 있습니다.

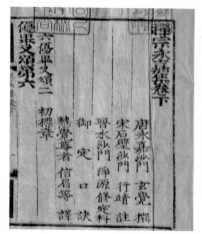

선종영가집언해

1. 如影隨形이라 ᄒᆞ시니라.
   그르메 얼굴조촘 ᄀᆞᇀᄒᆞ니라.

2. 朝晡애 問訊ᄒᆞ리니
   아춤나조ᄒᆡ 묻ᄌᆞ오리니.

3. 革囊애 盛糞이며 膿血之聚ㅣ라.
   갓ᄂᆞᄆᆞ채 ᄯᅩᆼ을 다 마시며 고롬과 피왜 모도미라.

4. 心經이 通ᄒᆞ면 而草野ㅣ 何殊ㅣ리오.
   ᄆᆞ슴길히 通통ᄒᆞ면 셔울 스굴히 엇뎨 다ᄅᆞ리오.

1에 나오는 '그르메'는 한자 '影영'을 우리말로 번역한 것입니다. "如影隨形이라 ᄒᆞ시니라"라고 해서 구결을 붙였어도 한문을 모르는 민중으로서는 이 구절의 뜻이 무엇인지 이해하기 어려울 텐데, 하지만 "그림자가 얼굴을 따르는 것 같다"라고 옮겨 놓음으로써 한자를 모르는 민중도 이해할 수 있게 하였습니다.

2도 마찬가지입니다. "朝晡애 問訊ᄒᆞ리니"라는 문장에 나오는 한자의 음과 훈을 모르고서는 의미를 파악하기 어려운데 "아ᄎᆞᆷ나조히 묻ᄌᆞ오리니"라고 번역함으로써, 아침과 낮에 묻겠다는 원문의 뜻을 쉽게 이해하게 하였습니다.

3에서 "革囊애 盛糞이며 膿血之聚ㅣ라"도 어렵기는 마찬가지입니다. "갓누ᄆᆞ채 ᄯᅩᆼ올 다마시며 고롬과 피이 모도미라"라고 언해하여, 가죽 자루에다 똥을 담았으며 고름과 피가 모였다고 함으로써, 우리 육체가 어떤 것인지 쉽게 알도록 해줍니다.

4에서 "心經이 通ᄒᆞ면 而草野ㅣ 何殊ㅣ리오"도 "ᄆᆞᅀᆞᆷ길히 通통ᄒᆞ면 셔울 스굴히 엇뎨 다ᄅᆞ리오"라고 하여, 대부분 다 우리말로 풀되, '通'의 경우에는 '通통'처럼 한자와 발음을 함께 적어 주어 누구라도 읽게 했으며, "마음의 길이 통하기만 하면, 서울이든 시골이든 차이가 없다"는 의미를 금세 파악하게 하였습니다.

이상 네 가지 사례만 보아도 우리는 불경 번역이 불교 지식과 진리의 대중화를 위해 얼마나 소중한 업적인지 느낄 수 있습니다. 《석보상절》로부터 시작된 조선시대의 불경 언해는 훈민정음 창제 이후 대략 50여 년 동안에 집중적으로 이루어졌는바, 세종대왕이 창제한 훈민정음이 종교 경전의 진리도 충분히 표현할 수 있다는 사실을 증명해 준 사례입니다.

이 작업에 왕실 인사인 효령대군이 적극 참여한 사실은 의미심장합니다. 무엇보다도 당대의 새로운 매체인 훈민정음을 불교 포교의 수단으로 적극 활용한 점입니다. 제4차 산업혁명기인 오늘날에 또 어떤 매체를 활용해 진리를 퍼뜨릴 것인가 되뇌게 하는 본보기라고 생각합니다.

12.
《부모은중장수태골경합부》
필사

    1996년 5월, 천안 광덕사에서 효령대군이 필사한 사경이 발견되었습니다. 대군이 흑석사에 머물 당시 광덕사에 시주한 것으로 추정되는 《부모은중장수태골경합부》가 그것입니다. 백지에 먹으로 《부모은중경》 등을 차례로 사경한 속지에 부처님이 이 경을 설하게 된 계기와 부모님의 은혜를 묘사한 변상도가 그려져 있습니다. 사경본의 맨 뒤에는 효령대군의 네 아들 이름과 부인 정 씨, 효령대군의 이름이 적혀 있지요. 특히 네 아들의 이름 중 막내아들의 이름 앞에는 20세 이상에 내려지는 "군"이라는 칭호 대신 17세부터 20세까지에 내려지던 "윤"이 적혀 있어, 효령대군의 행장과 비교한 결과 세종 22년 1440년경의 사경으로 추정되고 있습니다.

    이 사경은 한문 불경을 적은 것인데 그 내용을 이해하기 위해, 그 일부의 번역문을 소개해 봅니다.

어머니가 잉태한 지 열 달이 되면, 비로소 태어나게 된다.
만일 효성스러운 자식이면 주먹을 받들고 손바닥을 합하
여 나오므로 어머니를 상하지 아니하고, 만약에 다섯 가지
악을 저지를 자식이면 어머니의 아기집을 찢으며, 어미로
하여금 일천 개의 칼로 배를 휘젓는 듯하고, 일만 개의 송곳
으로 심장을 쑤시는 듯 고통을 주느니라. 이렇듯이 아프고
괴로워하며 이 몸을 낳고도, 오히려 열 가지 은혜가 아직 더
있느니라.

첫째, 잉태하여 지키고 보호해 주신 은혜

둘째, 해산解産 할 때 고통받으신 은혜

셋째, 자식을 낳고 근심고통을 잊으신 은혜

넷째, 쓴 것을 삼키고 단 것을 뱉어서 먹인 은혜

다섯째, 진자리 마른자리를 가려 누이는 은혜

여섯째, 젖을 먹여 길러주신 은혜

일곱째, 더러운 것을 씻겨주신 은혜

여덟째, 멀리 떠났을 때 생각하고 염려해 주신 은혜

아홉째, 자식 위해 몹쓸 업을 지은 은혜

열째, 끝까지 사랑하며 불쌍히 여기는 은혜

가슴이 뭉클해지는 말씀인데요. 《부모은중경》의 한 대목으로 부모의 은혜가 한량없이 크고 깊음을 설하여 그 은혜에 보답할 것을 가르친 경전입니다. '불설대보부모은중경佛說大報父母恩重經'이라고도 하는 이 불경의 내용은 부모의 은혜가 한량없이 크다는 것에 역점을 두고 있습니다. 어머니가 아이를 낳을 때는 3말 8되의 응혈凝血을 흘리고 8섬 4말의 혈유血乳를 먹인다고 하였습니다. 이와 같은 부모의 은덕을 생각하면 자식은 아버지를 왼쪽 어깨에 업고 어머니를 오른쪽 어깨에 업고서 수미산須彌山을 백천 번 돌더라도 그 은혜를 다 갚을 수 없다고 했습니다.

불교에는 경전을 베껴 쓰는 불교의식인 사경寫經 문화가 있습니다. 필사가 한 공덕이 될 수 있다는 신앙적인 동기에서 이루어지는 게 사경인데, 효령대군도 그 전통을 이어받아 불경을 필사하였습니다. 정식 명칭은 《부모은중경父母恩重經 장수멸죄제자다라니경長壽滅罪諸子陀羅尼經 합부》입니다.

효령대군이 필사한 이 경전의 발견은 극적으로 이루어졌습니다. 《청권집유》에 이 사경이 존재한다는 사실이 이미 밝혀져 있었으나, 그동안 아무도 실물을 확인하지 않고 있었습니다. 그러다가 1996년 5월, 광덕사 천불전에서 우연히 이 경전이 발견되어 1차 흑백 영인본을 제작하였고 2023년에 컬러 영인본과 국역본을 간행하기에 이르렀습니다.

발견 이후에 벌어진 일도 예사롭지 않았는데요. 이 사경은 1997

년 6월 보물 제1247호로 지정된 후 소실의 위기를 만나기도 합니다. 1998년 12월 광덕사 천불전 후불탱화가 도난당할 때 방화放火로 천불전이 소실燒失되었기 때문입니다. 이곳에 소중히 모셔 있던 《부모은중장수태골경합부》는 그날 저녁에 주지 스님이 배견拜見: 삼가 절하고 뵘하기 위해 잠시 거실로 꺼내 두었기 때문에 기적적으로 화마를 피할 수 있었습니다.

이 사경 원본의 사양은 각 쪽 가로 16cm, 세로 44cm, 총 쪽수는 150쪽이며, 길이는 24m로 상당히 긴 편입니다. 매 쪽 6개의 칸이 있으며 각 칸의 크기는 가로 2.7cm, 세로 30.5cm입니다. 각 줄에는 1~18자의 글씨가 쓰여 있으며, 글자 총수는 11,649자입니다. 겉표지는 짙은 남색에 금박으로 된 연꽃 문양이 '부모은중장수태골경합부'라는 글자를 위아래에서 감싸듯 그려져 있고, 그 바깥에는 모란꽃과 줄기를 그려 넣었습니다.

조선의 수많은 왕자 중 유일하게 불경을 번역했으며, 조선 초기의 왕실과 백성들이 존경한 인물인 효령대군이 직접 필사한 불경이라는 점에서 가치가 매우 높습니다.

효령대군의 사경을 모시고 있는 광덕사와 효령대군은 어떤 관계일까요? 대군이 1461년세조 7년 5월 21일 이곳 광덕사의 법당에서 불공을 드리고 있을 때였습니다. 법당의 부처님 사리에서 상서로운 빛이 터져 나와 광덕산을 뒤덮으며 그윽한 향기를 뿜어냈고, 하늘에서는 북소리가 들리는 듯하였으며, 빛을 내던 사리는 25과의

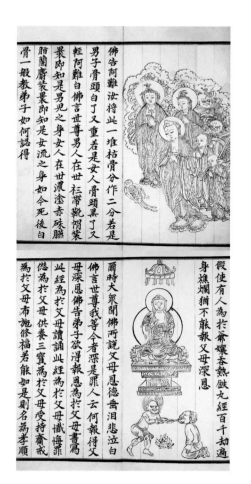

효령대군 부모은중장수태골경합부 필경

사리로 분신했다고 합니다. 이에 대군이 감격하여 불전에 예배하면서 사리를 수습하여 세조대왕에게 바쳤고, 세조는 상서로운 조짐이라면서 정희왕후가 머물던 궁에서 함께 예불을 모시면서 부처님 공덕을 찬탄하는 노래를 지었다고 합니다.

아마도 이런 특별한 인연 때문에, 이 불경을 사경하여 시주한 것으로 보이며 모두 효령대군의 돈독한 불심을 보여주는 일들이라 여겨집니다.

사적비
1461년(세조7년) 5월 21일 효령대군께서 광덕사 주석시 분신한 불사리 25과를 세조대왕에게 봉정한 사실과 금으로 쓴 화엄경 및 부모은중장수태골 경합부을 사경(寫經)하여 예성부부인 정씨와 함께 시주한 사적비

13.
원각사 창건에
얽힌 일들

원각사는 현재 서울특별시 종로구 탑골공원 터에 있었던 고려시대 조계종의 본사가 된 절입니다. 효령대군은 이 절의 창건과 밀접한 관련이 있는데《조선왕조실록》을 중심으로 그 사연을 살펴보겠습니다.

《세조실록》33권, 세조 10년1464년 5월 2일

영순군 이부한테 명하여 승정원에 전지하였다.
"근일에 효령대군이 회암사에서 원각법회를 베푸니, 여래가 나타나고 감로甘露 : 천하가 태평할 때에 하늘에서 내린다고 하는 단 이

슬가 내렸다. 노란색 가사 袈裟 : 승려가 장삼 위에 걸쳐 입는 옷를 입은 중 3인이 탑을 둘러싸고 정근 精勤 : 부지런히 힘씀 하는데, 그 빛이 번개와 같고, 또 빛이 대낮과 같이 환하였고 채색 안개가 공중에 가득 찼다. 사리 분신 舍利分身 : 사리가 여럿으로 늘어나는 것이 수백 개였는데, 곧 그 사리를 함원전에 공양하였고, 다시 분신한 것이 수십 매였다. 이와 같이 기이한 상서는 실로 만나기가 어려운 일이므로, 다시 흥복사 興福寺를 세워서 원각사 圓覺寺로 삼고자 한다."

승정원에서 아뢰었다.

"지당하신 말씀입니다."

이어서 하례를 행할 것을 청하니, 임금이 그대로 따랐다. 하교하여 강도 이외의 죄를 용서하여 주게 하고, 이어서 승정원에 명하여 여러 도의 관찰사에게 글을 보냈다.

"죄명이 비록 사면의 조건 안에 든다고 하더라도 그 사건의 정상이 중대한 자와, 죄명이 비록 절도라 하더라도 드러난 흔적이 강도와 같은 자, 비록 사면을 받을지라도 끝내 조사하여 물적 증거가 있는 자는 풀어주지 말라. 효령대군 이보 李補가 부처를 받드는 데 매우 독실하여 어릴 때부터 늙기에 이르도록 더욱 열심인데, 회암사를 원찰 願刹 : 죽은 사람의 명복을 빌던 절로 삼고 항상 왕래하면서 재를 베풀더니, 이때 이르러 여래가 현상 現相 하였고, 신승 神僧 : 꿈속 따위에 나타나는 신비스러운 승려이 탑을 둘러쌌었다. 다른 사람은 모두 보지 못하였으나, 오로지 이보만이 이를 보았다고 스스로 말하였다."

원각사의 유래를 알려주는 내용입니다. 흥복사를 다시 세우되 그 이름을 원각사로 하자는 세조의 지시에 따랐다는 겁니다. 왜 원각사일까요? 효령대군이 회암사에서 원각 법회를 열 때 여러 가지 기적이 일어났으므로 그랬다고 합니다.

위 《세조실록》에 등장한 기적은 모두 신비한 현상입니다. 석가여래가 나타난 것, 단 이슬이 내린 것, 웬 노란색 가사 차림의 승려 3인이 나타나 탑을 둘러싸는데 그 빛이 번개 같고 대낮과 같이 환하며 채색 안개가 공중에 가득한 것, 사리가 수백, 수십 개로 계속 분신한 것 등의 기적이 그것입니다.

오직 효령대군만이 기적을 본 이유는 무엇일까요? 어릴 때부터 독실하게 부처를 받들었기 때문이라는 것이 세조의 해석인데 영적인 세계는 영안이 열린 사람에게만 보이는지도 모를 일입니다.

세조는 효령대군이 목격한 이 신비한 일을 옛 흥복사 터에 원각사를 창건하라는 부처의 계시로 여겼던 듯합니다. 바로 실천을 위한 수순을 밟아 나갔다는 것도 알 수 있습니다.

다음 기록을 보면, 효령대군과 대군들, 영의정 신숙주 등을 조성도감造成都監 도제조都提調로 삼았다고 했습니다.

흥복사興福寺에 거둥하여 왕세자와 효령대군 이보李補·임영대군 이구·영응대군 이염·영순군 이부와 영의정 신숙주·좌의정 구치관·운성부원군 박종우·남양부원군 홍달손·영중추부사 심회·병조판서 윤자운·호조판서 김국광·중추원부사 김개·상산군 황효원과 더불어 원각사를 창건할 일을 의논하고, 보·구·염·부·신숙주·구치관·박종우와 하성위 정현조 등을 조성도감 도제조로 삼고, 예조판서 원효연과 윤자운·김국광·김개를 제조로 삼고, 첨지중추원사 윤잠·최선복, 도승지 노사신 등을 부제조로 삼았다. 처음에 흥복사를 폐하여 악학도감으로 삼으니 사람들이 대사大寺라고 불렀다.

여러 사람을 공동 도제조로 삼았는데, 효령대군의 이름이 가장 먼저 적힌 것으로 미루어 그가 중심 역할을 담당했다고 보입니다. 그럴 만도 한 게 효령대군의 신비체험 때문에 이루어진 일이기 때문입니다. 이후의 기록을 보면, 부지 확보를 위해 민가를 철거하는 데 따른 보상 대책을 논의하는 등 치밀한 계획에 따라 원각사 건축이 진행되었다는 것을 알 수 있습니다. 아울러 효령대군은 계속 다음과 같은 기적이 일어났다고 보고하여, 이 절의 창건이 초월적인 뜻에 따른 것임을 강조하고 있습니다.

《세조실록》33권, 세조 10년1464년 6월 19일

효령대군 이보가 아뢰었다.

"이달 13일에 원각사 위에 노랑 구름이 둘러쌌고, 하늘에서 내리는 비가 사방에서 꽃피어 이상한 향기가 공중에 가득 찼습니다. 또 서기가 회암사에서부터 경도사까지 잇달아 뻗쳤는데 절의 역사하던 사람과 도성 사람, 사녀들이 이 광경을 보지 않는 자가 없었습니다."

전에는 회암사에서 신비한 현상이 일어났다고 하였는데, 이제는 건축 중인 원각사 현장에서도 일어났다고 합니다. 노랑 구름이 둘러싸고 하늘에서 내리는 비가 사방에서 꽃 피어 향기가 공중에 가득 차는가 하면, 상서로운 기운이 회암사에서부터 경도사까지 뻗쳤다고 했습니다. 혼자만 본 게 아니라 이번에는 일하던 사람과 도성 사람, 사녀들이 모두 보았다고 하니 진행 중인 원각사 창건의 일이 부처의 뜻임을 거듭 강조하기 위한 간증이라 하겠습니다.

원각사의 낙성은 이듬해인 세조 11년1465년 4월 7일이었습니다. 이날 경찬회를 베풀었는데 그 자리에 매월당 김시습이 초대로 참석했다는 사실이《매월당전집》에 다음과 같이 나와 있습니다.

<원각사 낙성회 圓覺寺落成會>

나는 을유년1465년, 세조 11년 봄에 금오산실金鰲山室을 짓고 거기에서 평생을 마칠 계획이었는데 3월 그믐에 효령대군이 말을 보내어 나를 불렀다.
"성상께서 옛 흥복사'흥복사'의 다른 이름를 새로 중수하여 원각사라 하고 중들에게 낙성회에 모이도록 소집하였소. 내가 선사를 성상께 추천하였더니, 성상께서도 경사스러운 모임에 참석하라고 하였소. 그러니 선사께서는 산중이나 계곡에서 먹고 마시던 마음을 풀고서 거절하지 말고 참석하시오."
나는 그 말을 듣고 번뜩 마음을 고쳐먹었다.
"좋은 모임은 늘 있는 것이 아니며, 번창하는 세대는 만나기 어려운 것이다. 달려가 치하하고 곧 돌아와 여생을 마치리라."
즉시 날짜를 다투어 상경하여 이 모임에 참석하였다.

급원給園이 처음엔 시가에 버려졌었는데給園初敝市街前
임금의 큰 계획으로 몇만 년 가게 되었네.聖曆鴻圖萬萬年.
취복毳服의 둥근 머리 부처 만나던 날은毳服圓顱逢竺日
치건緇巾에 도포 입고 요堯 임금 송축하던 때이네緇巾曲領
頌堯天.
피어오르는 향연은 임금의 수레 따라가고香煙裊裊隨龍駕
연속되는 서기瑞氣는 부처를 감싸네瑞氣絲絲號佛邊.
은퇴한 자가 여기에 온 줄 누가 믿으랴誰信逸民參盛會?
오색의 구름 꽃 속에 주선하니 즐거워라五雲朶裏喜周旋.

매월당 김시습은 효령대군의 주선으로 원각사 낙성식에 참석하기만 한 게 아니라 〈원각사 찬시〉도 지어서 바쳤습니다. 이것 역시 효령대군의 요청에 따른 것인데 〈원각사 찬시〉라는 제목 아래 적은 다음의 기록을 보아 알 수 있습니다.

〈원각사 찬시 圓覺寺讚詩〉

효령대군孝寧大君이 나에게 원각사찬시圓覺寺讚詩를 지어 바치게 하였다. 내가 그 시를 지어 올렸더니, 그것을 즉시 상감上監께 바치었다. 상감이 보고서 효령대군에게 하교下敎

하시었다.

"이 찬시는 매우 훌륭하다. 환궁포함하여 그를 인견引見할 것이니, 그때까지 이 곁에 머물러 있게 하라."

그러나 나는 그때 임금을 만나 보고 싶은 마음이 없었고, 오직 산수나 즐기면서 놀고 싶은 생각뿐이었다. 그래서 서울에 있은 지 며칠이 안 되어 길을 떠났는데, 가는 도중에 임금의 소명召命을 두세 번이나 받았다. 그러나 끝내 질병을 핑계로 응하지 않고 전에 있던 금오산으로 돌아왔다. 그런데 그때의 찬시는 지금은 없어졌고, 다만 사퇴할 때의 시와 도중에서 사양한 시만을 다음에 기록한다. 하략

김시습의 말대로, 안타깝게도 〈원각사 찬시〉는 사라졌으나 당시에 효령대군의 요청으로 이런 시를 지어 세조에게 바쳤다는 사실을 알 수 있습니다. 세조가 만나고 싶어 했으나 끝내 사양한 것을 보면 여전히 세조와 일정한 거리를 두고 있었다고 여겨집니다. 그런데도 원각사 낙성식에 찬시까지 지어 가지고 참석한 데는 효령대군의 역할이 아주 컸다는 것을 알 수 있습니다. 세조에 대한 지지 여부와는 별도로 불경의 번역이나 사찰의 건립 같은 일에는 적극 참여하고자 했던 김시습의 생각도 읽힙니다. 아마도 효령대군은 김시습의 이런 마음을 알아 간곡히 초청해 마침내 뜻을 이뤘던 게 아닐까 합니다.

성종 때까지 건재하던 이 원각사는 연산군 10년1504년, 연산군이 이 절을 연방원聯芳院 이라는 이름의 기방妓房 : 기생방 으로 만듦으로 써 승려들이 머물 수 없게 되었습니다.

1512년중종 7년 에는 원각사를 헐어서 그 재목을 나누어 줌으로써 절은 없어지게 되었고, 원각사 대종은 1536년에 숭례문으로 옮겨 져 시각을 알리는 종으로 사용하다가 선조 27년에 다시 종각으로 옮겨졌습니다.

현재 원각사 자리였던 탑골공원에는 1962년 국보로 지정된 서울 원각사지 십층석탑과 1963년 보물로 지정된 서울 원각사지 대원각 사비가 남아 있습니다.

원각사 대종

원각사지 십층석탑

14.
임종과
후일담

1486년 6월 12일, 효령대군은 한성부 사저에서 별세하였습니다. 임종할 당시의 상황에 대해서는 전하는 기록이 없지만 〈졸기〉에 이런 대목이 있습니다.

> 만년이 되어서는 따로 띳집을 지어 겨우 무릎이나 움직일 수 있을 정도로 해 놓았는데 비록 한추위나 한더위라 할지라도 늘 거기에서 거처하였다.

이 대목을 보면, 따로 띠로 지붕을 인 집에서 매우 검소하게 생활

하다 작고한 것으로 보입니다. 왕자로 태어나 왕의 형으로서 또는 왕실 어른으로서 무려 아홉 왕을 겪으며 91세까지 장수한 분답지 않게 살았다니 특별하게 느껴집니다. 노블레스 오블리주, 즉 높은 사회적 신분에 걸맞은 도덕적 의무를 다하는 자세를 보여준 분이 었음을 느끼게 합니다.

효령대군의 사후 작성된 〈졸기卒記〉, 즉 죽은 사람에 대한 평가를 적은 글이 《조선왕조실록》에 실려 있어 그의 평생을 요약하고 있습니다.

<졸기>

효령대군 이보李補가 졸卒하니, 철조輟朝 : 임시로 조회를 정지함 하고 조제弔祭 : 조상하여 제사함 하고 예장禮葬 : 예식을 갖추어 치르는 장사 하기를 전례와 같이 하였다.

보補는 태종의 둘째 아들로 태어나 총명하고 민첩하였으며, 이미 관례冠禮 : 성년이 되어 상투를 틀고 갓을 쓰던 의례 하고는 효령대군에 봉해졌다. 젊어서부터 독서하기를 좋아하고 활 쏘기를 잘하였는데, 일찍이 태종을 따라 평강에서 사냥하면서 다섯 번을 쏘아 다섯 번 다 맞추니 호위 무사들이 모두 감탄하였다. 태종이 일찍이 편찮으므로 이보李補가 몸소 탕약湯藥을 써서 조금도 게을리하지 않으니, 태종이 가상히 여겨 특별히 노비를 내려 주었다.

세종께서 우애가 지극히 도타워서 늘 그 집에 거둥하여 함께 이야기하였는데, 마침내 저녁이 되어서야 파하곤 하였다. 이보李補가 부처를 좋아하여 중들을 많이 모아 불경을 강하였는데, 세조의 돌보아 줌이 지극히 융숭하여서 상 내려 준 것이 헤아릴 수 없을 정도로 많았다.

궁중에서 곡연曲宴 : 임금이 가까운 사람만 모아서 궁중의 내원內苑에서 베푸는 작은 연회을 할 때면 이보李補가 일찍이 참여하지 않은 적이 없어, 혹 밤중에 물러가기도 하였다. 이럴 때면 세조가 촛불을 잡고 배웅하였으며 원각사를 창건할 때는 그 일을 맡아보도록 명하였다.

임금성종이 즉위하여서는 이보李補가 나이 많고 종실의 웃어른이라 하여 예우함이 더욱 융숭하였다. 여러 번 그 집에 거둥하여 잔치를 베풀고는 그를 영화롭게 하였다.

이보李補가 만년이 되어서는 따로 띳집을 지어 겨우 무릎이나 움직일 수 있을 정도로 해 놓았는데, 비록 한추위나 한더위라 할지라도 늘 거기에서 거처하였다. 아들 7인이 있어 가장 젊은 사람의 나이가 60이 넘었는데, 매양 좋은 날 아름다운 절기에는 술잔을 들어 축수하고, 창안백발蒼顔白髮 : 늙은이의 여윈 얼굴빛과 센 머리털로 슬하에서 춤을 추니, 진실로 한 시대의 성사盛事: 성대한 일이었다. 이때에 이르러 졸卒하니, 나이가 91세였다.

시호諡號: 죽은 뒤에 그 공덕을 찬양하여 붙인 이름를 정효靖孝 라 하였
으니, 너그럽게 즐기며 고종명 考終命: 살 만큼 오래 살다가 편하게 죽
음. 오복 가운데 하나임한 것을 정靖 이라 하고, 지혜롭게 부모를
사랑하고 공경한 것을 효孝 라 한다.

이보李補는 불교에 빠져 머리 깎은 사람들, 즉 중들의 집합
장소가 되었으며, 무릇 경향 각지의 사찰은 반드시 가장 먼
저 주장하여 이를 건축하였다. 세조가 불교를 독실히 믿어
중들로 하여금 거리낌 없이 제멋대로 다닐 수 있도록 하였
으니 반드시 이보李補의 권유가 아닌 것이 없었다.

이보는 밖으로 청렴한 것 같으면서도 속으로는 사실 탐욕
스러워서 거짓 문서를 만들어 남의 노비를 빼앗은 것이 매
우 많았다. 죽은 지 얼마 안 되어서 여러 아들이 재산을 다
투어 화목하지 못하였다.

이보李補가 일찍이 절에 예불하러 나아갔는데, 양녕대군讓
寧大君 이제李禔가 개를 끌고 팔에는 매[鷹]를 받치고는 첩
들을 싣고 가서, 절의 뜰에다 사냥한 여우와 토끼를 낭자하
게 여기저기 흩어 놓으니, 이보李補가 마음에 언짢게 여겨
이에 말하였다.

"형님은 지옥이 두렵지도 않습니까?"

이제가 말하였다.

"살아서는 국왕의 형이 되고, 죽어서는 보살의 형이 될 것
이니, 내 어찌 지옥에 떨어질 이치가 있겠는가?"

이 〈졸기〉에 나오는 내용의 대부분은 이미 앞에서 다룬 것들입니다. 총명하고 민첩하였으며 젊어서부터 독서하기를 좋아하고 활쏘기를 잘하였다는 것, 부친인 태종이 편찮을 때 효성으로 간호한 것, 세종과 양녕과의 우애, 돈독한 불교 신앙과 업적, 궁중의 어른으로서 궁중 행사에 수시로 참여한 점, 만년에 검소하게 지낸 점, 장수하면서 자식들의 효도를 받은 점 등입니다. 대부분 칭송 일변도로 되어 있습니다.

하지만 딱 한 대목, "밖으로는 청렴한 듯하나 속으로는 탐욕스러웠다"라는 비판이 들어 있는데 이 기록에 대해서는 생각해 볼 필요가 있습니다. 이 기록 앞에서 가장 먼저 느낄 수 있는 것은, 조선시대 사관들이 얼마나 솔직하게 기록했는가 하는 점입니다. 왕실의 어른으로서 존경을 받던 효령대군이지만 그 흠결에 대한 정보를 직설적으로 적어 놓은 것만 봐도 그렇게 말할 수 있습니다. 이미 고인이 되었으니 미담만 다루면서 찬양 일변도로 적어도 될 것 같은데 그러지 않았습니다. 이 대목에서 우리는 왜 조선의 왕 모두가 죽을 때까지 《조선왕조실록》을 열람할 수 없었는지 이해할 수 있습니다. 그래야만 사관이 누구의 눈치도 볼 필요 없이 객관적으로 기록을 남길 수 있었기 때문입니다.

그렇다면 효령대군에 대한 위 기록은 사실일까요? 《조선왕조실록》에 전하는 기록을 모두 검색해 보면, 이와 관련되는 기록은 모두 세 건으로 오해받았던 일 한 가지, 아랫사람들이 효령대군의 이름을 빙자하여 저지른 잘못 두 가지입니다. 이 세 가지 중에서, 후자는 어디까지나 아랫사람들의 비리이니 그만두고, 본인의 잘못이라 하여 사헌부로부터 탄핵받았던 일의 진상을 알아보겠습니다.

《세종실록》 54권, 세종 13년1431년 12월 5일

사헌부에 전지하였다.

"김사신이 일찍이 여연의 수령으로 있을 적에 토표피土豹皮: 고양잇과의 동물인 토표의 가죽를 효령대군 이보李補에게 보내었으나 대군이 받지 않고 돌려보내었다. 지금 사헌부에서 김사신의 탐욕 죄를 조사하자, 김사신이 말하기를 '대군이 이미 받았으나 일이 발각되자 돌려보냈습니다'라고 하여, 사헌부에서 이 말을 믿고 대군을 두 번이나 탄핵했다. 대군이 비록 그것을 받았더라도 죄를 주어서는 안 될 것인데 하물며 받지도 않았다고 하지 않는가? 사헌부에서 대군의 말은 믿지 않고 김사신의 말만 믿으니 더욱 옳지 못하다. 다시는 묻지 말라."

효령대군 관련 기록 가운데, 종교적인 일 외에 도덕적으로나 법적으로 문제 되었던 일은 딱 이것 하나로 지방 수령한테서 토표피를 받았다는 혐의입니다. 요즘 말로 하면 뇌물죄와 비슷합니다. 김사신이 효령대군에게 토표피를 바친 것은 사실로 보이나 이는 효령대군이 국정에 일정한 영향력을 행사할 만한 힘을 가지고 있었음을 방증하는 일입니다. 그랬기에 김사연이 토표피를 선물한 것이지요.

문제는 이 선물을 보낸 다음 어떻게 되었는지를 두고, 효령대군과 김사신의 말이 서로 다르다는 겁니다. 효령대군은 돌려보냈다고 했고, 김사인은 일이 탄로되자 그때야 효령대군이 돌려보냈다고 했습니다. 사헌부에서는 김사인의 말을 믿어 효령대군을 두 차례 탄핵했고, 세종은 효령대군의 말을 믿어 더 이상 문제 삼지 말라고 합니다. 여기까지가 《조선왕조실록》의 해당 기록입니다.

〈졸기〉를 쓴 사관은 아마도 위 사건 때문에 효령대군을 탐욕스럽다고 평가한 것으로 보이며 당시의 사헌부처럼 김사인의 말을 더 신뢰하였을 듯합니다. 하지만 효령대군의 진술대로 정말 받지 않고 되돌려주었을 수도 있는데 그 말이 진실이라면 효령대군을 탐욕스럽다고 할 수는 없습니다. 더욱이 평생 수많은 절에 지속적으로 시주를 많이 한 행적에 비추어, 기록상 딱 한 번의 이런 혐의를 가지고 이렇게 평가하는 것은 과하다는 느낌입니다.

중종 때 퇴계 이황, 회재 이언적 등이 올린 상소문에서는 효령대군을 사치하지 않은 모범적인 인물로 들고 있기에 〈졸기〉의 탐욕스럽다는 평가와는 상반되어 주목할 필요가 있습니다.

아래의 내용이 상소문의 해당 부분입니다.

《중종실록》 95권, 중종 36년1541년 4월 2일

홍문관 부제학弘文館副提學 이언적李彦迪 등【직제학 이준경
李浚慶, 응교 유진동柳辰소, 부응교 송세형宋世珩, 교리 권철
權轍 과 이황李滉, 부교리 김반천金半千, 부수찬 이홍남李洪男,
박사 박공량朴公亮, 저작 민기閔箕, 정자 홍담洪曇】이 상소
하였다.

"중략 사치奢侈를 막지 않아서는 안 됩니다. 사치가 폐해가
됨이 심합니다. 하늘이 온갖 물건을 낳되 사람이 그것을 취
하여 쓰니 사람은 온갖 물건의 주인입니다. 그러나 사람에
게는 이·목·구·비耳目口鼻의 욕망이 있는데 그 욕망이 끝이
없고, 물건은 산림山林과 천택川澤에서 나는 것인데 그 나는
것에 한정이 있습니다. 욕망은 끝이 없기에 천하의 물건으
로 한 사람을 받들어도 넉넉하지 못하고, 나는 것은 한정이
있기에 한 사람이 천하의 물건을 다 써도 모자랍니다. 하늘
이 낸 물건을 다 없애어 하늘이 노하고, 백성의 고혈을 짜서
백성이 원망하여, 원망을 쌓고 노여움을 쌓는데도 알지 못
하면, 쟁탈이 일어나서 난망亂亡이 뒤따를 것입니다.
근래 왕자王子의 집은 극도로 넓고 크게 하려고 힘쓰고 화

려하고 사치하게 하는 것을 앞다투어 숭상하여, 백성의 집을 헐어 치우고 여염에 가로 뻗쳐 지어서 마룻대를 높이고 들보를 겹쳐 궁궐과 비슷하게 하며, 혼인의 예禮에 있어서도 수레·의복·집기로 갖추는 것을 무엇이나 다 극진히 화려하게 하는데, 사대부의 집도 따라서 이를 본뜹니다. 큰 집과 사치한 혼례가 재물을 손상하고 분수를 넘는 것이 끝이 없으니, 앞으로 폐단을 바로잡기 어려울 것입니다. 언관言官이 늘 토목일의 폐단을 논열論列하여 마지않아도 전하께서 막연하게 들으시는 까닭은 반드시 '사대부는 초야에서 일어나 고조·증조가 쌓은 업적이 없어도 집을 크게 세우고 혼례를 극진하게 갖추는데, 더구나 당당한 한 나라 임금의 아들, 딸로서 도리어 집을 높이고 혼례를 갖추지 못하겠느냐'고 생각하시기 때문일 것입니다. 이것은 그 죄가 본디 사대부에게 있으나, 임금이 스스로 닦는 도리로 말한다면, 위에서 근원을 밝혀 아래에서 본받게 하여야 마땅합니다.

또 일설이 있는데, 사치로 그 아들, 딸을 기르는 것은 그 아들, 딸을 사랑하기 때문이나, 그 사랑하는 방법이 도리어 해치는 방법이 되기에 알맞다고 하였습니다. 대저 검약하면 복을 얻고 사치하면 해를 부르는 것이 하늘의 이치입니다. 지금 보는 것으로 말하자면 큰 집이 겨우 이루어지자 문득 꺼릴 것이 생겨 여염으로 피하여 가서 살고 주문朱門은 비워 잠가 두므로 겨우 한 세대가 바뀌면 곧 폐가가 되어 자손으로서 보유하는 자가 거의 없으니, 이것은 한정 있는 재물을 써서 보탬 없는 집을 지은 것입니다【왕자, 왕녀가 혼인하여 분가하거나 시집갈 때에는 나이가 겨우 열두세 살인데, 집은 크고 사람은 적으며 방은 넓고 나이는 어려서 두려운 마음을 일으키기 쉬우므로, 모두가 피하여 가서 살고 집은 비운다】.

예전에 종실宗室 효령대군孝寧大君은 성품이 자못 겸허하고 소박하여 화려한 집에 살기를 싫어하여서 초가를 지어 늘 그 안에서 살았는데, 마침내 수壽가 아흔에 미치고 자손이 번성하였으니, 이것은 근래의 일 중에서 명백한 증험입니다. 지금의 사치는 본디 온갖 폐단의 근원이고 그 근원은 궁금宮禁에 있는데, 나라의 근본이 쇠하고 관가의 창고가 비는 것이 다 여기에서 말미암고 또한 이것이 충분히 원망을 일으켜 재변을 가져올 만하니, 전하께서 살피시기 바랍니다."

성품이 자못 겸허하고 소박하여 화려한 집에 살기를 싫어하여서 초가를 지어 늘 그 안에서 살았다'고 했습니다. 효령대군이 탐욕스러운 인물이었다면, 중종 때 사람들의 입에서 이런 평가가 나올 수 있었을까요? 불가능하다고 생각합니다. 개인의 상소문이 아니라 여러 사람의 연명 상소문이니 더욱 그렇습니다. 오직 딱 한 번의 사례인 토표피를 받았다 돌려준 일 하나로 효령대군을 탐욕스럽다고 하며 전체 생애를 깎아내리는 것은 무리수라고 여겨집니다.

만약 효령대군이 뇌물을 받은게 맞다면 평소의 몸가짐과 다르기 때문에 왜 그랬을지 생각할 필요가 있습니다. 혹시 효령대군이 제정한 향헌의 '선목' 제15조 "受人寄託수인기탁: 적은 정표는 받아주는 예의가 있어야 한다"에 따라 그런 것은 아닐까요? 그가 김사인을 위해 무엇인가 도와주었고, 이에 대해 김사인이 토표피로 사례하자 '적은 정표'로 보아 받은 것은 아닐지 생각됩니다.

그렇다면 사관은 왜 예외적인 사례를 들어 효령대군을 부정적으로 평했을까요?

사관들은 대개 유교적인 가치관으로 무장한 인물들이었으니 불교 신앙이 깊었던 효령대군을 비평함으로써 간접적으로 불교를 견제하려고 그런 것인지도 모릅니다.

아무튼 위 대목을 통해 이 세상에 완전한 사람은 없다는 교훈을 확인할 수 있습니다. 《조선왕조실록》에는 수많은 인물의 〈졸기〉가 실려 있는데, 처음부터 끝까지 칭송으로만 일관하는 경우는 많지 않습니다. 예시로 임진왜란의 명재상 유성룡에 대한 〈졸기〉의 평가는 일반적인 상식과는 거리가 있는데요. 대부분 긍정적이지만, 효령대군의 사례에서 보듯, 다음과 같이 부정적인 점도 여과 없이 드러내고 있습니다.

《선조수정실록》41권, 선조 40년1607년 5월 1일

풍원 부원군 유성룡이 졸하였다.

성룡은 안동 출신으로 호는 서애이며 이황의 문하에서 수학하였는데 일찍부터 중망重望 : 매우 두터운 명성과 인망이 있었다. 병인년에 급제하여 청요직을 두루 거치고 경연에 출입한 지 25년 만에 드디어 재상이 되었으며, 계사년1593년에 수상으로서 홀로 경향의 기밀 업무를 담당하였다. 중략 신흠이 항상 사람들에게 말하기를, 그와 같은 재주는 쉽게 얻을 수 없다고 하였다. 그러나 국량남의 잘못을 이해하고 감싸주며 일을 능히 처리하는 힘이 협소하고 지론持論 : 늘 가지고 있거나 전부터 주장하여 온 생각이나 이론이 넓지 못하여 붕당에 대한 마음을 떨쳐 버리지 못한 나머지 조금이라도 자기와 의견을 달리하면 조정에 용납하지 않았고 임금이 득실을 거론하면 또한 감히 대항해서 바른대로 고하지 못하여 대신다운 몸가짐이 없었다. 일찍이 임진년의 일을 기록하여 이름하기를《징비록》이라 하였는데 세상에 유행되었다. 그러나 식자들은 자기만을 내세우고 남의 공은 덮어버렸다고 하여 이를 기록하였다. 중략 탄핵을 받고 떠나게 되었는데, 향리에 있은 지 10년 만에 죽으니 나이가 66세였다.

우리가 알고 있는 유성룡의 이미지와는 다릅니다. 임진왜란이라는 위기 상황에서 이순신 같은 명장을 추천한 분으로서 임금을 도와 국난 극복을 이룬 현명한 재상으로만 알고 있으나, 부정적인 측면을 많이 드러내고 있어 충격적이기도 합니다.

　여기에 비하면 효령대군에 대해 한 줄 비판적인 내용을 적은 것은 사소하다는 생각이 들 정도입니다. 공이 아무리 많더라도 과실이 있다는 말이 있으면 함께 남기려고 노력한 사관의 자세를 확인할 수 있습니다.《조선왕조실록》이 왜 유네스코 세계기록유산으로 지정되었는지 알 만한 부분입니다.

효령대군 묘소

15.
효령대군에 대한
오해와 진실

효령대군에 대한 오해들이 있습니다. 평생 스님으로 살았다느니, 은둔했다느니, 술을 못 마셨다느니, 국정과는 무관하게 살았다느니 하는 말들이 있는데 과연 그럴까요?

첫째, 승려가 되었다는 주장은 사실이 아닙니다. 효령대군이 평생 불교를 믿고 적극 후원한 행적과 '연강蓮江'이라는 법명이 있다는 기록을 근거로 지레짐작하여 만들어진 이야기일 뿐입니다.

불교 법명이 있다고 모두가 승려인 것은 아닙니다. 오늘날 천주교 신자들이 세례명을 받는다고 해서 모두 신부나 수녀가 되는 게 아니듯 불교도 그렇습니다. 법명이 있다고 비구나 비구니가 되는 것은 아닌데 오해하기 일쑤입니다.

효령대군이 승려가 아니라는 사실은 그 부인과 자녀들을 보아도 알 수 있습니다. 12세의 나이에 14세인 해주 정씨 정혁의 딸 예성부 부인과 결혼하여 6남 1녀 자녀를 두었으며, 측실에서 1남 1녀를 두 었습니다. 세속에서 일상적인 생활을 했기에 가능한 일이지요.

둘째, 효령대군이 세자 자리를 양보한 후에 국정과는 무관하게 은둔생활을 했다는 것도 사실이 아닙니다.

그는 궁궐은 나왔으나 동생인 세종의 자문 역할에 충실했고 이러 한 자문 역할은 지속되어 성종 대까지 이어집니다.

세조 대에는 불경언해 작업에 적극 참여하여 불교 진흥에 크게 기여하였습니다.

《조선왕조실록》의 기록들만 보아도 효령대군이 국정의 동반자 또는 자문 역할을 했다는 게 뚜렷하게 나타납니다.

궁중 연회에 참석하기, 외교 사절을 맞이할 때 함께하기, 왕과 함 께 군사들의 훈련 모습을 시찰하기, 세자빈 간택 등 궁중 혼례의 중 매 역할을 여러 차례 담당하기 등, 불교 지원 외에도 꾸준히 여러 활 동을 하였습니다. 왕실의 어른으로서 해야 할 일을 묵묵히 수행하 였다 하겠습니다.

중략 궁중宮中에서 곡연曲宴을 할 때면 이보李補가 일찍이 참여하지 않은 적이 없어, 혹 밤중에 물러가기도 하였는데, 〈이런 때면〉 세조가 촛불[燭]을 잡고 배웅하였으며, 원각사 圓覺寺를 창건創建함에 미처서는 그 일을 맡아보도록 명하였다. 임금[上]이 즉위即位하여서는 이보李補가 나이 많고 종실의 웃어른[屬尊]이라 하여 예우禮遇함이 더욱 융숭하였으며, 여러 번 그 집에 거둥하여 잔치를 베풀고는 그를 영화롭게 하였다.

셋째, 효령대군이 술을 마실 줄 몰랐다는 것은 《조선왕조실록》에 근거한 오해입니다. 양녕대군을 세자 자리에서 물러나게 한 다음, 조정에서는 후계자를 정하는 문제를 놓고 의견을 주고받았습니다. 양녕대군의 아들을 세우자는 견해, 점을 쳐서 정하자는 주장, 어진 사람을 골라서 세우자는 의견 등이 모두 제기된 끝에, 태종이 결단을 내리며 충녕대군을 세자로 삼겠다고 합니다. 어진 사람을 선택하기로 한 것입니다. 그때, 왜 서열상으로 먼저인 효령을 배제하는지 이유를 밝히면서 술 문제를 꺼냈습니다.

전략 만약 중국의 사신을 접대할 적이면 신채身彩와 언어동작言語動作이 두루 예禮에 부합하였고, 술을 마시는 것이 비록 무익無益하나, 그러나 중국의 사신을 대하여 주인으로서 한 모금도 능히 마실 수 없다면 어찌 손님을 권하여서 그 마음을 즐겁게 할 수 있겠느냐? 충녕은 비록 술을 잘 마시지 못하나 적당히 마시고 그친다. 또 그 아들 가운데 장대壯大한 놈이 있다. 효령대군은 한 모금도 마시지 못하니, 이것도 또한 불가不可하다. 충녕대군이 대위大位를 맡을 만하니, 나는 충녕으로서 세자를 정하겠다.

효령대군이 술을 한 모금도 못 하여 중국 사신 접대를 할 수 없기 때문에 세자로 삼기에 불가하다는 태종의 말은 사실일까요? 이는 효령대군이 술을 마셨다는 얘기가 실록에 여러 차례 등장하기 때문에 사실이 아닙니다. 임금이 효령대군에게 술과 고기를 보냈다는 내용이 나오고, 효령대군에게 술을 권하는 예법에 대한 논의도 나옵니다. 또한, 실제로 사신이 오면 태종은 효령대군을 보내 사신 접대를 하게 하였는데 다음의 기록들이 그 내용을 담고 있습니다.

《세종실록》 8권, 세종 2년1420년 4월 6일

상왕이 효령대군 이보李補를 보내고, 임금이 박은·정역을
보내어 하사하는 술을 받들고 벽제역에 가서 사신을 영접
하여 위로하게 하였다.

《세종실록》 49권, 세종 12년1430년 7월 30일

상참을 받고 정사를 보았다.
임금이 좌우 신하에게 일렀다.
"종친宗親들이 사신과 연회할 때, 서로 술을 따라 권하는 예
절을 어떻게 하면 되겠는가?"
판서 권진權軫이 대답하여 아뢰었다.
"모든 종친이 효령孝寧·진평晉平·안평安平 세 대군大君에
게는 읍례揖禮를 행하고 무릎 꿇고 바치게 하고, 그 나머지
는 서로 읍하고 마시는 것이 옳을 것입니다."
찬성贊成 허조許稠는 아뢰었다.
"모두 무릎 꿇고 마시게 하되, 오직 효령만은 서서 받아 마
시게 하는 것이 옳을 것입니다."
임금이 다시 좌의정 황희黃喜·우의정 맹사성孟思誠과 더불
어 같이 의논하게 하니, 모두 아뢰었다.

"진평대군晉平大君 이유李瑈 이하의 모든 종친이 사신에게 술을 따라 올린 뒤에 효령대군 이보李補에게도 읍례를 행하고 무릎 꿇고 바치고 효령은 서서 이를 받아 마시고 나면, 또 읍례를 행하고 나머지 종친들은 다만 서로 읍례만을 행하게 하며, 효령이 술을 따라 권할 때에 모든 종친들도 또한 이와 같이 하며, 관반館伴은 효령대군 이하 모든 종친에게 읍례만을 행하고 무릎 꿇지 않게 하고 모든 종친들이 술을 따라 권하는 예절도 또한 같게 하소서. 좌차座次에 있어서는 효령孝寧 · 진평晉平 및 안평대군安平大君은 동벽東壁으로 하고, 경녕군敬寧君 · 공녕군恭寧君 이하 모든 종친은 서벽西壁으로 하되, 효령대군의 자리에 대하여 약간 아래로 내려서 하고, 오직 신의군愼宜君 · 순성군順城君은 동벽의 대군들 아래에 자리하되, 약간 뒤로 정하게 하소서."

《성종실록》61권, 성종 6년1475년 11월 16일

술과 음악을 효령대군孝寧大君 이보李補의 집에 내렸는데, 그의 아들 이채李寀가 술을 가져갔다.

이들 기록 모두 효령대군이 술을 마셨다는 사실을 또렷이 증명해 줍니다.

사신 접대할 때 술이 필수였는데도 효령대군을 보낸 사실, 실제로 영접 과정에서 효령이 술을 마셨다는 사실도 확실하게 드러나 있습니다. 성종이 술과 음악을 효령대군에게 보냈다는 마지막 기록은 효령대군이 술을 마실 줄 알기에 그렇게 한 것이 분명합니다. 그렇지 않다면 큰 결례가 아닐까요?

　그런데도 왜 태종은 효령대군이 술을 못 마신다고 했을까요? 아들을 몰라서 그랬을까요?

　아들이 술을 마시는 줄 알면서도 이렇게 단언한 것은 고의적이라고 보입니다. 충녕대군을 세자로 삼기 위해서는 효령대군을 부적격자로 만들어야 했기에 다소 과장해서 이렇게 표현한 것으로 여겨집니다. 이 추정이 틀렸다면, 효령대군은 부친인 태종이 보는 데서 일부러 술을 못 마시는 척했는지도 모릅니다.

　넷째, 인품은 좋았을지 몰라도 지도자로서 자질이 부족하다는 말 역시 실록에 근거를 둔 오해입니다. 태종이 효령대군을 세자로 삼지 않는 이유를 대면서 이렇게 말했습니다.

《태종실록》 35권, 태종 18년 1418년 **6월 3일**

　“옛사람이 말하기를, ‘나라에 훌륭한 임금이 있으면 사직社稷의 복福이 된다’고 하였다. 효령대군孝寧大君은 자질姿質

이 미약하고, 또 성질이 심히 곧아서 개좌開坐 : 벼슬아치들이 한데 모여 사무를 보는 일 하는 것이 없다. 내 말을 들으면 그저 빙긋이 웃기만 할 뿐이므로, 나와 중궁中宮은 효령이 항상 웃는 것만을 보았다."

태종의 이러한 평가는 효령대군의 행적과 비교할 때 거리가 있습니다. 왜냐하면, 효령대군은 불교를 배척하는 대신들의 지속적인 비판 속에서도 불교가 지속될 수 있도록 기여한 인물이기 때문입니다. 왕실의 위엄을 힘입었다고는 하나, 리더십이 없으면 어려운 일입니다. 효령대군은 원각사 조성도감 도제조를 직접 맡아 커다란 사찰의 창건이라는 복잡하고 어려운 작업을 성공적으로 해냈습니다. '자질이 미약하고 개좌하는 것이 없다'라는 태종의 말과는 달리 추진력이 있었다는 것을 알 수 있습니다. 불교 언해 사업에 참여하여 교정 또는 번역을 하고, 매월당 김시습 같은 인재를 끌어들인 것을 보아도 그 역량을 짐작할 만합니다.

《성종실록》191권, 성종 17년1486년 5월 11일

전략 효령대군孝寧大君 이보李補는 태종太宗의 둘째아들로 태어나 총명하고 민첩하였으며, 이미 관례冠禮를 하고는 효령대군孝寧大君에 봉封해졌다. 젊어서부터 독서讀書하기를 좋아하고 활쏘기를 잘하였는데, 일찍이 태종을 따라 평강平康에서 사냥하면서 다섯 번을 쏘아 다섯 번 다 맞추니, 위사衛士들이 모두 감탄하였다. 중략 원각사圓覺寺를 창건創建함에 미처서는 그 일을 맡아보도록 명하였다.

효령대군 사후에 기록된 〈졸기〉의 한 대목으로 "독서하기를 좋아하고 활쏘기를 잘하였다"고 했습니다.

이것을 보면 효령대군은 문무를 겸비한 인물입니다. 이런 역량으로 현실 정치의 자문역으로 세종, 세조에 이어 성종에 이를 때까지 왕실 어른의 책임을 다했습니다. 아울러 종교적인 측면에서, 불교 신앙인답게 세속적 부귀에 집착하지 않고 불교 진흥과 민중을 위해서 노력하였습니다. 수륙재 또는 무차회 같은 불교 집회 때 민중들이 효령대군을 생불이라고까지 평가했다는 것이 그 지도력 또는 영향력을 입증하는 강력한 근거입니다. 이를 다른 말로 표현하면 당대 민중에게 효령대군은 구세주 같은 존재였다는 것이 아닐까요? 백성의 마음을 얻었기에 들을 수 있는 칭호라 하겠습니다.

요컨대 효령대군은 지도자로서 자질이 충분했습니다. 다만 동생인 충녕대군세종의 역량이 워낙 출중하다 보니, 세자 자리와 왕위를 양보했을 따름입니다.

그러나 왕이 만능은 아니기에 혼자만으로는 태평성대를 이루기 어렵습니다. 효령대군은 자신이 지닌 역량을 동원해 바로 그 여백을 채우다 간 분이라 할 수 있습니다. 왕실이든 조정이든 부르는 곳이면 달려가 도왔으며, 특히 소외당하던 불교를 위해 자신만이 할 수 있고 해야 할 일을 다한 분입니다.

효령대군 영당

1689년(숙종12) 외예손 이규령 경상감사의 도움으로 상주 공검에 효령대군의 사당을 세우고 2월 8일 정(丁)일 봉사(奉祀)하였으며, 1710년(숙종36) 상산종회(商山宗會)의 종의로 사당을 중건하였다.

16.
효령대군 행적의
인문학적 가치

성낙훈 선생의 《한국유교사상사》(한국문화사대계 Ⅵ, 고대민족
문화연구소, 1970)에 흥미로운 대목이 인용되어 있습니다. 조선 시
대 유학자들의 약점을 지적한 남명 조식 선생의 말입니다.

조식은 "금일의 학자들이 높이 성명性命: 인성과 천명의 이치
를 말하나, 실행實行이 따르지 못하니, 마치 이것은 큰 시장
을 지날 때에 진기한 보물을 보고 고가高價를 공담空談: 쓸데
없거나 실행이 불가능한 헛된 이야기만 하는 것과 같아서, 실효는 한
마리의 어물魚物을 사는 것보다 못하다. 대개 성인聖人의 지
旨: 요지와 취지는 전유前儒: 예전의 선비가 이미 다 말하였으니 학

자는 그것을 알지 못할까를 걱정할 것이 없고, 오직 그것을 실행 實行 하지 못할까를 걱정함이 옳다"하고, 내경외직 內敬外直: 안으로는 공경하고 밖으로는 곧게 함의 실천에만 주력하였고, 이황에게 글을 보내어, "지금 학자들이 손으로는 소쇄 灑掃: 비로 먼지를 쓸고 물을 뿌림하는 절차도 모르면서 입으로만 천리 天理를 말하여 남을 속이여 이름을 도적질하려 하다 화가 타인에게까지 미친다"《남명집》하였다.

(1) 당대적인 가치 : 효제충신의 실천자

조선시대 사람들이 강조했던 덕목, 즉 남명 조식이 실천하려고 노력했던 바는 무엇이었을까요? 바로 삼강오륜의 실천이었습니다. 한글이 창제된 후《삼강행실도》를 편찬하고 이어서《이륜행실도》, 나중에는 이 둘을 합해《오륜행실도》를 간행한 데에서 유교국가인 조선에서 오륜을 얼마나 중시했는지 알 수 있습니다. 훈민정음 창제의 목적이 여기 있다고 주장하는 학자도 있을 정도입니다. 상층의 유교 이념을 백성도 이해하고 실천해야만 온전한 국가라고 본 세종의 통치철학에 따라, 한문으로 된 유교 경전의 내용을 백성에게까지 가르치기 위해 만든 문자가 훈민정음이라는 해석입니다. 訓民正音!(훈민정음: 가르칠 훈, 백성 민, 바를 정, 소리 음) 백성에게 (유교 이념을)가르치기 위한 바른 (한자) 발음 부호, 이렇게 보자는 것이죠.

이 삼강오륜을 더 축약한 덕목이 효제충신 孝弟忠信: 어버이에 대한 효도, 형제끼리의 우애, 임금에 대한 충성, 벗 사이의 믿음으로 보입니다. 고전 내용을 검색해 보면 조선 초기부터 후기까지 계속해서 《조선왕조실록》에 이 네 글자가 '예의염치禮義廉恥: 예절, 의리, 청렴, 수치를 아는 태도'와 함께 자주 등장합니다.

태종 2년 임오1402년 6월 18일 경오

사간원에서 시무時務 두어 조목을 올리었다.

"전략 따라서 어릴 때 바르게 기르는 것은 학문의 제일 좋은 방법입니다. 하물며 원자元子는 제2의 임금이라, 장차 종묘사직宗廟社稷과 민생民生의 책임이 일신에 달려 있으니, 처음부터 교육하고 미리부터 길러 두지 않을 수 있겠습니까? 중략 원컨대 길일吉日을 택하여 원자를 보내 입학하게 하소서. 그 빈사와 유선·시학으로 하여금 아침저녁으로 좌우에서 떠나지 못하게 하고 항상 효제충신孝悌忠信의 도道를 날마다 앞에서 강의하게 하신다면, 자연히 훈도薰陶되고 점점 감화感化되어 덕기德器가 성취되고 국본이 견고하여질 것입니다.

예조 좌참판 권도權蹈가 상언上言하기를,

"전략 멀리는 주공·공자를 생각하시고 가까이는 태조·태종을 따르셔서, 육경六經을 높이시고 백가百家를 물리쳐서 마음과 학술을 바르게 하고 간사함과 정대함을 분변하게 하시어, 인의도덕의 교화가 위에서 실행되고 효제충신의 풍속이 아래에서 성취되어, 사람마다 윗사람에게 친근히 하고, 어른을 위하여 죽으려는 기풍이 있게 되면, 국가는 자연히 반석 같은 안정을 보유하게 되오리이다. (후략)"

영조 15년 기미1739년 11월 27일 경오

임금이 시민당時敏堂에 나아가고 약방藥房에서 입시入侍하였는데 동궁東宮도 시좌侍坐하였다. 약방제조藥房提調 김흥경金興慶이 동궁의 강독講讀·습서習書를 묻고 이어서 필적筆蹟을 보기를 청하니, 임금이 중관中官에게 명하여 종이 셋을 가져다가 보이게 하였는데, 세 제조提調가 각각 나누어 가졌다. 임금이 동궁을 돌아보고 말하기를,

"하번 사관下番史官은 풍패 고향豐沛故鄕 사람이다."

하고, 다시 종이 하나에 써서 내리라고 명하고 말하기를,

"하늘은 땅의 높낮이를 가리지 않고 고루 덮으니, 임금이 신하를 보는 것도 어찌 멀고 가까운 것으로 차이를 두겠는가?" 하였다. 동궁이 '효제충신 孝悌忠信' 넉 자를 쓰니, 임금이 승지承旨에게 명하여 겸사兼史 위창조魏昌祖에게 전하여 주게 하였다.

이 효제충신은 《논어》와 《맹자》에서 강조한 개념인데 《맹자》의 해당 대목을 보이면 다음과 같습니다.

"임금이 한 나라에 살고 있는 군자를 등용하면 편안하고 부유해지며 존귀하고 명예롭게 되고, 자식과 동생들이 따라서 효도하고 공경하며 충성스럽고 신의가 있게 된다."
孟子曰, "君子居是國也, 其君用之, 則安富尊榮, 其子弟從之, 則孝弟忠信.(盡心章 上)

《조선왕조실록》만이 아니라 수많은 문집에도 보이고 있어, 상층부에서 중요하게 여긴 덕목임을 알 수 있습니다. 나아가 일반 백성에게까지 널리 영향을 미쳤는데 조선시대 민화民畵 중 〈문자도文字圖〉에 흔하게 등장하는 글자가 바로 이 네 글자이기 때문입니다.

문자도

① 효孝의 실천

효령대군과 효는 아주 밀접한 관계로 '효령孝寧'이란 군호부터가
그렇습니다. 12세 때 '효령군孝寧君'으로 봉해졌는데, 부모에 대한
효행이 인상적이어서 그렇게 불렀던 것이라 예상됩니다. 12세까지
살아오는 과정에서, 그 특징이 효행임을 파악하고 이를 반영한 군
호라고 보는 게 자연스럽기 때문입니다.

또한 시호諡號인 '정효靖孝'에도 '효孝'자가 들어 있습니다. 시호
풀이를 보면 "너그럽게 즐기며 고종명 考終命: 제명대로 살다가 편안히 죽
음한 것을 정靖, 지혜롭게 부모를 사랑하고 공경한 것을 효孝"라고
하여, 평생 얼마나 효성이 지극하였는지 보여줍니다.

군호에서부터 시호까지 '효孝'로 일관하고 있는 효령대군 효행
의 실제는《성종실록》에 실린 〈졸기〉에서 볼 수 있습니다.

효령대군孝寧大君 이보李補가 졸卒하니, 철조輟朝: 나라에 변고 가 생기거나 국상을 당했을 때에 조회를 멈춤 하고 조제弔祭: 죽은 사람의 영 혼을 조문하여 제사함 하고 예장禮葬: 예식을 갖추어 치르는 장사 하기를 과거의 예例와 같이 하였다. (중략) 이미 관례冠禮: 남자가 성인이 되면 어른이 되었다는 의미로 상투를 틀고 갓을 씌우던 의례 하고는 효령대 군孝寧大君에 봉封해졌다. (중략) 태종이 일찍이 편치 않으므 로 이보李補가 몸소 탕약湯藥을 써서 조금도 게을리하지 않 으니, 태종이 가상히 여겨 특별히 노비[臧獲]를 내려 주었다. 중략

시호諡號를 정효靖孝라 하였으니, 너그럽게 즐기며 고종명 考終命한 것을 정靖이라 하고, 지혜롭게 부모父母를 사랑하 고 공경한 것을 효孝라 한다.

② 제悌의 실천

효령대군은 제悌(공손할 제)의 상징이기도 하며 형제간의 우애가 아주 좋았습니다. 대표적으로 형인 양녕대군과 동생인 충녕대군과 의 우애를 살펴보겠습니다.

이미 앞에 서술한 대로, 효령대군 형제가 동생한테 세자 자리를

양보한 점은 우애의 극치입니다. 여러 기록을 보았을 때 효령대군 도 형 양녕대군과 함께 나름 능력을 지닌 인물이었지만, 동생인 충 녕이 상대적으로 더 낫다고 여겨 세자 자리를 포기했다고 해석됩 니다. '동방의 태백·우중' 또는 '동방의 백이·숙제'로 조선 왕조 당시에 주위에서 일컬었다는 사실이 이를 입증한다고 하겠습니다.

이 밖에도, 세종과의 우애, 양녕과의 우애를 보여주는 기록은 우 리를 매우 흐뭇하게 합니다. 세종이 왕위에 있는 몸으로서 늘 효령 대군의 집에 거둥하여 함께 이야기를 나누었고, 저녁이 되어서야 파했다는 희우정 관련 기록이 그 한 사례입니다. 앞에서 서술했듯 〈졸기〉에 나오는 양녕대군과의 우애담도 마찬가지 사례입니다. 형 인 양녕이 동생인 효령대군을 '보살'로 부르고 있는 점은, 형이 어 떤 행동을 보여도 보살 같은 마음으로 너그럽게 품었던 효령대군 의 우애심을 느끼게 합니다.

③ 충忠의 실천

효령대군은 왕족이었으므로 관직을 역임한 일이 없습니다. 원각 사 조성도감도 제조같은 임시적인 직책만 맡아 수행했을 따름이지 요. 그런 효령대군과 충忠은 무관한 것일까요? 아닙니다. 관직에는 없었지만, 국가를 위해 자신이 할 수 있는 역량은 다 발휘했습니다. 왕족으로서 평안한 여생을 살아갈 수도 있었지만, 주어진 특권과 여유를 활용하여, 당시 조선이 해결해야 할 과제 두 가지를 스스로 맡아 최선을 다했다고 보입니다.

첫째, 74세 때인 1469년 태조 이성계의 고향인 풍패현 함흥에 가서 〈향헌 56조〉를 제정하여 실행케 한 일입니다. 앞에서 서술한 대로 이 〈향헌 56조〉는 선목善目 21조, 악목惡目 35조로 이루어져 있는데 이 향헌은 우리나라 향약의 효시로서, 지방자치제의 최초라고도 할 수 있습니다. 유교적 덕목들과 함께 공동체 의식, 공직자의 자세 등을 담고 있습니다.

《경국대전》이 조선왕조의 국가 질서를 총괄해서 이끌어간다면 향헌과 향약은 지역사회와 생활 문화를 이끌어간 지침이었습니다. 태조의 향헌은 함흥에서 시범 운영하였고, 효령대군의 '증보판 향헌'은 여러 지역에서 시범·시행하였습니다. 절대주의 전제국가 근세조선에서 이 정도의 자율적인 지역 문화활동 지침이 나온 것은 적극 평가해야 마땅합니다.

둘째, 수많은 불사佛事와 불경언해사업을 주도하거나 참여한 일입니다. 효령대군이 활동하던 시기는 억불숭유抑佛崇儒 정책을 내세워 점점 더 성리학이 강화되어 간 때입니다. 적어도 공식적으로는 그랬고 문화적 편향성이 심화되던 때였습니다. 문화적으로 다양한 국가라야 건강성을 유지할 수 있지만, 왕권의 위세에 눌려 어떤 승려도 이에 반론을 제기할 수 없었습니다.

이때 효령대군은 유학과 함께 불교도 필요하다는 사실을 실천으로 보여주었습니다. 효령대군은 어려서부터 한 살 어린 아우 세종과 나란히 유학에 정진하여 김시습金時習, 변계량卞季良, 윤회尹淮,

김수온金守溫 등 당대의 유명한 유학자 및 문장가들과 교유하는 한편, 신미대사信眉大師, 행호行乎 스님 등 당대의 대덕 고승들과도 교류했기에, 유儒·불彿이 상호보완관계라는 사실을 인식했던 듯합니다. 예컨대 유교는 현실 생활의 지침을 제공하고, 불교는 죽은 영혼을 달래기와 내세를 준비시키기 등의 역할 분담 같은 것을 확신한 것으로 여겨집니다. 유교의 가르침만으로는 해소할 수 없는 신앙적인 욕구를 해결해 주기 위해 한강에서 수륙재水陸齋: 물과 육지의 외로운 영혼을 달래는 불교 의례를 개최하는가 하면, 회암사를 비롯해 관악산 연주암, 월출산 무위사, 만덕산 백련사 등 많은 사찰들의 중건·중수를 주도했습니다. 《부모은중장수태골경합부父母恩重長壽胎骨經合部》를 사경寫經 해 천안 광덕사에 시주도 하였습니다.

이와 같은 불사佛事와 함께 효령대군이 조선시대 불교와 우리 민족문화의 발전에 기여한 가장 큰 업적은 불경佛經의 언해 작업입니다. 1463년 《법화경》, 1464년 《선종영가집禪宗永嘉集》과 《금강경》, 1465년 《반야바라밀다심경般若波羅蜜多心經》을 언해하고, 《원각경》을 교열했습니다. 산스크리트어와 팔리어가 원어인 불경의 대부분이 한문으로 번역되어 유통되던 당시에, 불경들이나마 한글로 번역한 일은 중요한 업적입니다. 세종의 훈민정음 창제 목적 그대로, 하층 민중도 불경의 내용을 우리말로 읽고 듣고 배울 수 있게 해준 일이기 때문입니다. 《삼강행실도》, 《이륜행실도》, 《오륜행실도》를 편찬해 한글로 유교 삼강오륜의 가르침을 백성이 이해하도록 배려한 것과 함께, 상층이 하층을 위해 베푼 최대의 서비스였습니다. 요

즘 말로 정보 공유, 정보 대중화의 본보기라 할 만합니다. 서구로
치면, 라틴어 성경을 종교개혁기에 영어, 독일어, 프랑스어로 번역
한 일에 버금갈 만한 일입니다.

(2) 현재적인 가치

효령대군의 행적이 지닌 현재적 가치를 적시하면 다음 두 가지입
니다. 문화 다원주의의 추구, 혈연중심주의와 학연중심주의의 극
복입니다.

① 문화 다원주의의 추구

21세기는 문화의 시대입니다. 여러 문화가 갈등하지 않고 대등하
게 공존해야만 세계 평화가 유지될 수 있습니다. 어느 한 문화만이
우월하고 나머지를 배척할 경우, 세계 평화는 유지하기 어렵습니
다. 이럴 때 필요한 자세가 문화 다원주의 또는 문화 상대주의입니
다. 모든 문화는 대등한 가치를 지닌다는 생각이지요. 상호보완 관
계를 이룬다고 보면서, 서로서로 차이를 인정하며, 서로 배우려는
자세를 가지는 태도입니다.

효령대군이 보여준 자세가 바로 이것이었습니다. 유교로 불교를
대체하려고 했던 정도전과는 달리, 유교는 유교대로 필요하고, 불
교는 불교대로 있어야 한다고 생각했습니다. 그 판단은 정당했습
니다. 어쩌면 태조 이성계도, 세종도 불교와 결별하지 못하였습니
다. 소헌왕후가 별세하자 그 영혼의 천도를 위해 적극적으로 일련

의 불교 의식을 행하였는데 유교만으로는 영혼이나 내세의 문제를 해결할 수 없는 근본적인 문제가 있었기 때문이었습니다. 효령대군의 경우, 세자 자리를 양보하기 위한 수단으로 선택한 게 불교이기도 했지만, 유교 국가인 조선의 구조적인 한계를 보완하기 위해서 유불조화를 추구했다고 보입니다. 그 판단은 옳았으며, 조선은 겉으로는 유교국가를 표방했지만, 말기까지도 불교는 사라지지 않았습니다. 이면적으로 여전히 살아서 민중의 정신세계를 지배하였습니다.

오늘날 다종교 사회는 한국의 자랑이며 특징이기도 합니다. 각종 종교가 들어와 있으면서도 서구나 중동과는 달리, 종교 전쟁이나 갈등이 거의 없는 나라입니다. 그렇게 되는 데, 효령대군의 노력은 선구적인 가치를 지녔으며 여전히 우리가 주목해야 할 가치라고 생각합니다.

② 혈연 중심주의의 극복

한국 유교의 폐단 중의 하나가 혈연중심주의입니다. 이른바 '우리' 의식이 긍정적으로 발현되면 사회에 기능적이지만, 부정적으로 작용하게 되면 역기능과 부작용을 초래합니다.

이런 양상에 비추어볼 때, 효령대군이 생전에 왕족답게 혈연중심주의를 극복한 모습을 보여준 것은 매우 바람직하다고 볼 수 있습니다. 그는 혈통을 초월해 온 민중을 포용하는 행보를 보였는데 앞에서 한차례 인용했던 글의 일부를 다시 한번 보겠습니다.

《조선왕조실록》세종 23년 윤 11월 9일

뜻밖에 효령대군孝寧大君께서는 종실의 어른이시며 고명한 재주로써 그릇 허탄한 말을 믿고, 일찍이 한강 가에서 무차회無遮會를 베푸니 사녀士女들이 구름처럼 모이고, 보고 듣는 이가 부러워하고 사모하며, 배에 밥을 싣고 강 가운데 던져서 고기들에게 먹이며, 무지한 중 행호行乎를 존경하여 종실의 높은 어른으로서 무릎을 끓어 예배禮拜하며 종실을 권유하고, 아래로는 장사치들까지 재물을 내게 하여 없어진 절을 보수해 일으켜서 환하게 새롭게 하였으며, 부처를 만들고 불경을 박으며 안거회安居會를 베푸는 등의 일을 하지 아니하는 바가 없으니, 무뢰승無賴僧들과 장사치들이 의지하고 붙따르며, 절 현판 위에 특서特書하기를, '시주施主 효령대군'이라고 써서 장사치의 천한 무리들 사이에 함께 벌여 있사오니, 무릇 보고 듣기에 어찌 부끄럽지 아니하오리까

혈연중심주의의 역기능에 비추어볼 때, 위에서 보이는 효령대군의 행보는 특별합니다. 왕족으로서의 위엄을 내려놓고 일반 민중과 호흡을 같이 했던 사실을 위 기록이 보여주고 있습니다. 유학자가 보기에 부끄러운 처신이지만, 민중으로서는 자랑스럽고 기델 만한 대상이었음을 알려줍니다. 이는 신약성경에 당시 천시 받던 민중과 회식을 자주 하다가 기득권층으로부터 비난받았던 예수의 이야기를 연상시키는 대목이기도 합니다(《신약》〈누가복음〉 15장 1~2절 참고). 전주 이씨의 일원으로서가 아니라 만백성을 품는 왕자다운 자세로 다가갔기에 민중이 따랐다는 것을 알 수 있습니다.

혈연을 떠나서 자신을 필요로 하는 곳이면 함께 어울렸던 효령대군의 자세야말로 이 시대에도 여전히 요구되는 리더십이요 인간상이 아닌가 합니다.

이상으로, 효령대군 행적의 인문학적 가치를 서술하였는데 요약하면 다음과 같습니다.

첫째, 효령대군의 행적이 지닌 당대적인 가치는, 효제충신(부모님께 효도, 형제 우애, 임금에게 충성, 벗 사이의 믿음)의 실천자라는 점입니다. 특히 효도와 우애, 충성을 실천한 구체적인 사례를 확인할 수 있었습니다.

둘째, 효령대군의 행적인 지닌 현재적인 가치는 두 가지입니다. 문화 다원주의와 혈연중심주의의 한계를 극복한 점입니다. 서원이

나 사당에서 모시는 인물들은 대부분 유교적 가치를 옹호하는 데
는 열심이었으나 다른 종교까지 포용한 경우는 흔하지 않습니다.
혈연중심주의를 뛰어넘은 사례를 발견하기도 쉽지 않다는 점에서,
효령대군이 보여준 자세는 여전히 가치를 발합니다.

연주암 효령각
관악산 연주암에 효령대군의 영정을 모시고 있는 전각

효령대군

〈부록〉

효령대군 연보

1세 1396년 태조 5년 12월 11일 음력

• 송경 松京 : 개성 정안군궁 靖安君宮 에서 태종대왕 太宗大王 의 제2
왕자로 태어남, 어머니는 원경왕후 元敬王后 민 씨 閔氏 이다.

3세 1398년 태조 7년 4월 10일 음력[1]

• 태종대왕의 제3왕자인 충녕대군 도 忠寧大君 裪 가 한성부 준수
방 俊秀坊 에서 태어남, 후에 세종대왕이 되다.

5세 1400년 정종 2년

• 비로소 입학하니 재기 才氣 가 총명하고 글 읽기를 게을리 아
니하다.

12세 1407년 태종 7년

• 효령군으로 봉작 封爵 . 겨울에 부인 해주 정 씨 海州鄭氏 를 맞이
하다.

---

1) 이완재, 「실록 효령대군 일대기 1」 (한양대학교 출판부, 2016)

13세 1408년 태종 8년

- 글 읽는 여가에 겸하여 글씨도 잘 써서 연비어약 鳶飛魚躍 · 용 반호거 龍盤虎踞 · 청풍명월 淸風明月 · 시주자오 詩酒自娛 · 수능 지족 誰能知足 · 위선최락 爲善最樂 등 24자가 지금까지 전하고 있다.
- 5월, 태조가 승하하다.

16세 1411년 태종 11년

- 장자 채 棌 가 태어나니, 그가 의성군 誼誠君 이다.

17세 1412년 태종 12년

- 5월 3일, 효령대군으로 진봉 進封 되다.
- 그해 가을에 임금이 무술을 강마 講磨 하기 위하여 해주에 거둥할 적에 조정 대신 및 공신과 더불어 대군도 대가 大駕 를 따라갔다가 10월 4일에 환궁하다.
- 대군은 말타기와 활쏘기를 잘하였다. 일찍이 대가를 따라 평강에서 사냥할 때 화살 다섯으로 짐승 다섯 마리를 잡으니 위사 衛士 들이 모두 흠탄하였다.
- 대군은 일찍이 부왕이 병환 중이자 친히 시탕을 받듦에 밤낮으로 게을리 아니하니 부왕이 가상히 여겨 특별히 노비를 하사하였다.

18세 1413년 태종 13년

- 제2남 친 寀 이 태어나니, 그가 서원군 瑞原君 이다.

19세 1414년 태종 14년

- 효령대군 휘 호祜를 보補로 고치다.

21세 1416년 태종 16년

- 제3남 갑㝓이 태어나니, 그가 보성군寶城君이다.

22세 1417년 태종 17년

- 12월에 세자와 왕자, 부마가 광연루廣延樓 아래에서 헌수하는 자리에 효령대군·충녕대군·성녕대군·경녕군·공병군·청평군 이백강李伯剛, 평양군 조대림趙大臨, 의산군 남혼南暉이 헌수하고 여러 종친은 권영균權永均과 더불어 잔치를 모시다.
- 제4남 영盜이 태어나니, 그가 낙안군樂安君이다.

23세 1418년 태종 18년

- 세자 양녕대군이 효령대군의 침실을 은밀히 찾아와 서로 대담을 나누다. 충녕대군에게 성덕이 있음을 알고 학문과 재덕을 숨기며 왕위를 겸손하게 사양하다.
- 다음 날 아침에 대군께서 가부좌伽趺坐하여 합장한 채 벽을 향하고 있는 것을 궁인이 보고 임금께 고하니, 임금이 매우 놀라고 친히 납시어 연유를 물었다.
- 봄에 아우 성녕대군誠寧大君이 하세하니 대군이 애통해하다.
- 6월, 세자 양녕대군을 폐하고 충녕대군을 세자로 다시 책봉하다.
- 8월, 태종이 왕세자에게 선위하다.

- 양녕대군 및 하륜 · 박연 등과 더불어 명신 名臣 으로 녹선 錄選 하다.
- 춘정 春亭 변계량 卞季良 이 대군의 자설 字說 을 짓다.
- 9월, 정종대왕 定宗大王 이 승하하다.

- 7월 10일, 원경왕후 元敬王后 가 승하하여 헌릉 獻陵 에 국장 國葬 하다.

헌릉

27세 1422년 세종 4년

- 5월 10일, 태종대왕太宗大王이 승하하여 헌릉에 모시다.
- 제5남 정定이 태어나니, 그가 영천군永川君이다.

28세 1423년 세종 5년

- 명황제가 내시 유경劉景과 예부낭중 양선楊善을 보내어 태종에 대한 부제와 시호를 내림에 세종이 태평관에 거둥하고 잔치를 벌였다. 효령대군께서 세종대왕에게 잔을 드리면 임금께서 매양 기립하였다.

29세 1424년 세종 6년

- 장남 채寀를 의성군誼城君에 봉하다.
- 서호西湖의 경치 좋은 곳에 정자를 새로 짓고 이름을 합강정合江亭이라 하다.

30세 1425년 세종 7년

- 5월 13일, 세종이 대군의 별장인 합강정에 거둥하여 기쁜 비를 맞고 정자 이름을 희우정喜雨亭으로 바꾸다. 이어 신부제학 장樯으로 하여금 희우정이란 세 글자를 써서 벽에 걸게 하고 사패문賜牌文을 짓다.
- 11월, 대군의 병환이 나으니 세종이 잔치를 베풀어 위로하다.

31세 1426년 세종 8년

- 희우정기喜雨亭記를 대제학大提學 변계량卞季良이 짓다.
- 8월, 세종께서 서교西郊에 거둥하여 농사를 살피고, 마침내 희우정에 올라 대군을 위안하는 잔치를 베풀고, 내구마內廏馬

를 각각 한 필씩 하사하다.

32세 1427년 세종 9년

- 제6남 의宜가 태어나니, 그가 원천군原川君이다. 이후에 성령 대군誠寧大君으로 출계出系하다.

33세 1428년 세종 10년

- 관악산 문수대文殊臺에서 시 두 수首를 짓다.
- 관악산 최상봉 암면岩面에 '연주대戀主臺'라는 큰 세 글자가 새겨져 있는데, 이는 대군의 친각親刻이라 전하고 있다.
- 11월, 세종의 명에 의하여 대군이 어용御容과 선원록璿源錄을 새로 지어 선원전璿源殿에 봉안奉安하다.
- 윤 12월, 문소전文昭殿 친제親祭 때 종헌관終獻官이 되다.

34세 1429년 세종 11년

- 대군께서 관악사를 3창하시고 아울러 약사여래상藥師如來像과 미륵존상彌勒尊像 · 5층석탑을 조성하시어 크게 시주하였다.

35세 1430년 세종 12년

- 만덕산萬德山 백련사白蓮寺 중창에 대 공덕주로 추대되다.
- 부실에서 제7남 양䄎이 태어나니, 그가 안강도정安康都正이다.

37세 1432년 세종 14년

- 부부인 해주정씨의 작호 삼한국爵號三韓國 부부인에서 예성 부부인으로 개봉改封되다.
- 2월, 한강에서 수륙재水陸齋를 7일 동안 크게 거행하니 세종 이 향을 내리다.

39세 1434년 세종 16년

- 회암사 檜巖寺 를 중수하다.
- 연방축동 蓮坊築洞 에 살다. 호를 연강 蓮江 이라 한 것은 이에 연유 緣由 함이 아닐까 한다.
- 대군이 절에서 불사를 할 때, 양녕대군이 사수 射手 를 거느리고 사냥개도 몰고 토끼와 여우를 잡아 절에 왔다.

40세 1435년 세종 17년

- 5월, 신묘명에 의하여 흥천사 興天寺 탑전 塔殿 의 보수를 주장 主掌 하다.

41세 1436년 세종18년

- 전라도 만덕산 백련암 중창 불사에 중추원사 中樞院事 윤회 尹淮 에게 '백련사 중창기'를 짓게 하다.

43세 1438년 세종 20년

- 천안 광덕사 廣德寺 에 '부모은중장수태골경' 父母恩重長壽胎骨經 합부 合部 를 시주 施主 하다.
- 의성군 誼城君 집에서 병환이 나으니, 세종이 임어 臨御 하여 위안연 慰安宴 을 베풀고, 아울러 의대 衣帶 와 안마 鞍馬 를 대군에게, 또 부부인에게는 비단을, 시의 侍醫 에게는 옷 한 벌과 은대 銀帶 와 입화 笠靴 를 각각 하사하다.

45세 1440년 세종 22년

- 7월, 흥천사 興天寺 에서 경찬회 慶讚會 를 주관하다.

51세 1446년 세종 28년

- 3월, 소헌왕후 심 씨 昭憲王后 沈氏 가 승하하다.

53세 1448년 세종 30년

- 12월, 창덕궁에 내불당 內佛堂 을 세우고 경찬회 慶讚會 를 5일 동안 베풀다. 대군과 종친이 참석하다.

54세 1449년 세종 31년

- 세종의 명을 받들어 임영대군 臨瀛大君 · 금성대군 錦城大君 · 영응대군 永膺大君 등 여러 종친 및 안맹담 安孟聃 과 더불어 새로 만든 불상 佛像 을 내불당 內佛堂 에 봉안 奉安 하다.
- 12월, 복천사중수보권문 福泉寺重修普勸文 을 반포 頒布 하다.

55세 1450년 세종 32년

- 1월, 명나라 사신 예겸 倪謙 등이 희우정 喜雨亭 에서 시를 짓다.
- 1월 22일, 세종께서 환후로 흥인문 興仁門 밖 효령대군 사저 私邸 로 옮겨 오다.
- 2월, 세종대왕께서 영응대군 永膺大君 집에서 승하하다.
- 2월, 왕세자 문종 文宗 이 즉위 卽位 하다.
- 9월, 백형 양녕대군과 함께 청평부원군 淸平府院君 이공백강 李公伯剛 의 궤장연 几杖宴 에 참석하다.

57세 1452년 문종 2년

- 용문산 상원사 龍門山上元寺 의 범종 梵鍾 을 주조하다. 사헌부에서 이 종을 몰수하도록 청하나 문종이 허락하지 않다.
- 5월, 문종대왕 文宗大王 께서 승하하다.

- 5월, 왕세자 단종 端宗 이 즉위하다.

59세 1454년 단종 2년

- 왕비 책봉 冊封 의 명을 받들어 호조판서 조혜 趙惠 와 더불어 송씨 宋氏 가에 가다. 이가 곧 정순왕후 定順王后 로 단종의 비이다.
- 세상에서 말하기를 대군이 왕세자 등 가례 嘉禮 에 다섯 번이나 함 函 을 맡은 것은 오복 五福 이 겸비하기 때문이라고 하다.

60세 1455년 단종 3년

- 윤 6월, 단종께서 세조대왕에게 손위 遜位 하다.

62세 1457년 세조 2년

- 6월, 단종이 노산군 魯山君 으로 강봉 降封 되어 영월에 유배되다.
- 10월, 단종대왕이 영월에서 승하하다.

64세 1459년 세조 4년

- 향약 鄕約 을 지어 함흥 咸興 에 향청 鄕廳 을 설치하다.
- 4월, 교지 敎旨 를 받들어 선향헌목 璿鄕憲目 의 서문을 짓다.

65세 1460년 세조 5년

- 제6남 원천경 의 原川卿 宜를 성령대군 종 誠寧大君 褈 에게 출계 出系 하다.

66세 1461년 세조 6년

- 어가 御駕 를 따라 천안 天安 화산 華山 광덕사 廣德寺 에 가다.
- 가을, 왕세자가 희우정에 거동하니 대군은 여러 종친 및 대신들과 더불어 이 행차에 따랐다.

67세 1462년 세조 7년

- 3월, 능가산 실상사 楞迦山 實相寺 를 찾다. 즉 부안 변산사 扶安

속리산 복천사

邊山寺이니 보시문普施文이 있다.

- 감동당상監董堂上으로 큰 종에 이름을 새겨 만들어 인문 안에 걸고, 이조참판 한계희韓繼禧로 하여금 명銘을 짓게 하다.
- 9월, 양녕대군이 하세下世하다.

68세 1463년 세조 8년

- 4월, 양주 회암사楊州檜岩寺와 동강東江을 유람하다.
- 6월 1일 임자, 천안 광덕사에서 석가여래의 사리舍利가 분신分身하니, 대군이 사리 25개를 세조와 자성왕비에게 진상하다.
- 그해 가을,《법화경法華經》번역 때 왕명에 의하여 교정을 보다.

69세 1464년 세조 9년

- 1월 5일,《선종영가집》을 번역禪宗永嘉集諺解하고 교정하다.
- 2월 28일, 어가御駕를 따라 보은 속리산 복천사報恩俗離山福泉

寺에 가다.

- 4월, 간경도감刊經都監에서 《금강반야바라밀경언해》를 간행할 때 해초海超·홍일弘一 등 중과 더불어 교정하는 한편 《반야바라밀다심경》을 언해諺解하여 출간하다.

70세 1465년 세조 10년

- 고희古稀를 맞으니 세조가 자성왕비慈聖王妃와 더불어 임어臨御하사 친히 잔을 올려 축복하다.
- 3월, 《원각경圓覺經》을 신미信眉·한계희韓繼禧와 더불어 번역과 교정을 하다.
- 4월, 대군께서 불법을 행한 중의 처벌을 청하시다. 상께서 조서를 의정부에 내리다.
- 5월, 회암사에서 원각경을 설법說法하다. 부처형상이 나타나고 감로가 내렸다.
- 흥복사를 크게 중수하여 원각사圓覺寺라 이름하니 세조께서 계문誡文을 하사하다.
- 8월, 어가를 따라 희우정에서 수전水戰을 관람하다.

71세 1466년 세조 11년

- 원각사圓覺寺 낙성회에 매월당 김시습을 초청하다.
- 4월, 능가산 실상사에 가다.
- 원각사의 큰 종鐘을 주조하다.
- 그해 세조를 모시고 유생儒生들의 경서강의經書講義를 듣다.

72세 1467년 세조 12년

- 5월, 손자 율원군 栗原君 이 구성군 龜城君 준 浚, 조석문 曹錫文 등과 함께 부원수 副元帥 로서 반적 이시애 李施愛 를 함길도 길주에서 토평 討平 하고 개선 凱旋 하니 적개공신 敵愾功臣 에 책록 冊錄 되다.

- 겨울에 회혼잔치를 베풀다.

- 일찍이 예종 睿宗 이 빈嬪 을 맞을 때 부부인으로 하여금 주관토록 하다. 뒤에도 군과 공, 옹주의 혼례를 부부인으로 하여금 주관케 하니 이는 덕이 두텁고 복이 융성하고 또한 자손이 많기 때문이었다.

74세 1468년 세조 13년

- 춘양군 내 倈 가 별시문과 別試文科 에 급제하다.

- 7월, 세조가 환후로 피접차 효령대군 집으로 옮기다.

- 8월, 세조가 창덕궁 昌德宮 으로 환어 還御 하다.

- 9월, 세조대왕이 승하하다.

75세 1469년 예종 2년

- 함흥에 가서 향안 鄕案 을 만들다.

- 1월, 예종대왕 睿宗大王 이 승하하다.

76세 1470년 성종 1년

- 8월, 예성부부인 정 씨 鄭氏 와 사별하다.

84세 1478년 성종 9년

- 3월, 성종 成宗 이 대군 집에 납시어 잔치를 크게 베풀었는데

대군에게 먼저 자리에 앉도록 권하고, 임금은 다리 없는 평상에 앉았다.

86세 1480년 성종 11년

- 1월, 성종께서 대제에 납시어 잔치를 베풀고 위로하였는데, 종친 1품 이상과 의빈儀賓 등이 입시하고 대군 자손 외에 환성군歡城君 등 열 사람이 참석하다. 또 주악西樂을 주시고 수행한 종재宗宰·제장諸將·대간臺諫·경연관經筵官 등에게도 음식을 내렸다.

88세 1482년 성종 13년

- 7월 20일, 강진 만덕사萬德寺에 가서 시주施主하다.

89세 1483년 성종 14년

- 2월, 희우정 등 사패지를 증손 주계군朱溪君 심원深源에게 전하다. 친필 전문親筆傳付文이 있다.
- 10월, 정자 희우정喜雨亭이 무너지고 월산대군이 다시 그 정자를 중수重修하여 '망원정望遠亭'이라 하다.

91세 1486년 성종 17년

- 5월 11일, 91로 하세下世하다. 성종이 부음을 듣고 몹시 슬퍼하여 조회朝會를 거두고 소찬素饌을 들며 예관禮官으로 하여금 호상케 하고, 따로 호조에 명하사 사물賜物로 쌀 70석·콩 30석·보리 30석·청밀 10두, 기름 15두를 하사하다.
- 7월에 과천 동적리同積里 마장동馬場洞 임좌원壬坐原에 장례하니 조정에서 따로 예관을 보내어 치제致祭하다.

- '정효靖孝'라고 시호가 내렸다. 「관락寬樂하고 영종令終함을 정靖이라 하고, 자혜慈惠하고 애친愛親함을 효孝라 함.」
- 대군의 일곱 아들 중에 1품에 있는 이가 한 사람이요. 2품이 다섯 사람이요. 한 사람이 12품이고, 사위 한 사람이 1품이고, 한 사람은 5품이었다. 그리고 손자 항렬로서 관작에 있는 이가 33인이고, 증손 항렬로서 관직에 있는 자가 109인이나 되었다. 내외 남녀 아울러 174인이고, 현손도 많았으니 이런 일은 대개 고금에 없던 바다.

강진 만덕사

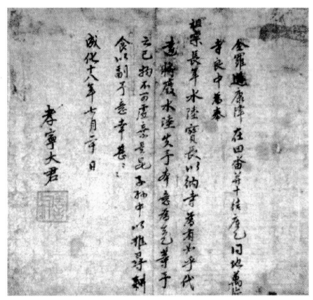

강진 만덕사 시주기

● 이후, 150년이 지나다.

1636년 인조 14년

- 임진왜란 王辰倭亂 이 일어난 후 종손이 영남으로 유락 流落 하니 대군사판 大君祠版 도 영남으로 모셔갔다. 이로부터 묘소의 수호가 어렵게 되자 대손 호조판서 명 溟 과 대사헌 목 棨, 외손 영의정 정태화 鄭太和 · 이경여 李敬輿 · 정지화 鄭知和 · 남이웅 南以雄 등과 의논하여 위토 位土 를 마련하고 묘지기를 두다. 아울러 연시 聯詩 를 지어 축 軸 을 이루니 아름다운 일로 전하다.

1686~1688년 숙종 12~14년

- 사당을 함창 공검호반의 현 상주 공검면 율곡리 에 창건 創建 하다. 이규령 李奎齡 이 경상 감사 때 10대손 이형상 李衡祥 이 이부공 吏部公 : 휘 익수, 호 백문당 형제와 13세 종손 이언겸 李彦謙 과 더불어 사당을 세우고 위전 位田 을 두어 매년 춘추에 제사를 받들고 일가 간의 돈목을 도모하다.

1691년 숙종 17년

- 묘비를 다시 세우다. 구비 舊碑 가 임진왜란에 화를 입었으므로 이형상이 이조판서 이익수 李益壽 와 더불어 의논하여 비를 다시 세우고 이어서 과천 선산지 果川先山誌 와 아울러 선산 사산고 先山四山考 를 짓다.

1696년 숙종 22년

- 대군 유사 遺事를 이형상이 모아 초하다.

1709년 숙종 35년

- 《육경록 毓慶錄》은 곧 오파 세보의 시집에 관한 기본 자료인 바, 이형상이 이를 찬집하다.

1710년 숙종 36년

- 대군 행장을 자의태수가 짓다.
- 사당을 중건하다. 이때에 사액을 청하자는 종중의 성의에 맞추어 이형상이 그 규모를 크게 하고자 그해 9월 18일 종회를 개최하다. 동년 10월 15일 낙성하고 신위를 이안하다. 이안축을 이형상이 짓다.
- 대군 유묵첩 발문을 봉조하 남구만이 짓다.

1711년 숙종 37년

- 완산 세계와 대군 묘지 墓誌를 10대손 이형상이 짓다.

1724년 경종 4년

- 대군의 묘지를 비로소 확정하다.

1725년 영조 1년

- 대군 사당을 다시 세우고 중건 상량문과 신위 이안축 移安祝을 이형상이 짓다.
- 대군 유사를 10대손 이형상이 추록하다.

1727년 영조 3년

- 10대손 형상이 종가를 위하여 장동에 집 한 채를 마련하고

제기를 준비하다. 또 위전位田으로 몇 구의 밭을 사서 종가에 붙여 수호의 자금으로 삼게 하다.

1736년 영조 12년

- 2월 17일, 사당 세우는 일로 종중에서 외예손外裔孫들과 통문을 발송하다.
- 4월 28일, 사당 세울 것을 청하는 소를 올리다. 영조께서 사당을 세워줄 것을 해당 부서에 품처하도록 비답하고, 이에 따라 예조에서 회계하다.

1737년 영조 13년

- 3월 2일, 청권사 개기開基: 공사를 하려고 터를 닦음를 묘에 고축告祝하다.
- 4월 23일, 상량을 하다.
- 11월 13일, 종실 밀창군 직 등 40여 인이 연소聯疏로 사액을 청하다.
- 11월 14일, 연설筵說 때 영조가 사祠에는 사액할 수 있으나 묘廟에는 사액할 수 없다는 비답을 내리다.

1743년 영조 19년

- 함창으로부터 묘하의 신축 사당에 신위를 봉안하다.

1746년 영조 22년

- 3월 28일, 영조께서 사당에 예조좌랑 안윤행으로 하여금 치제하다.

1777년_{정조 1년}

- 양녕, 효령 두 대군가에 면세토록 하다.

1780년_{정조 4년}

- 족보 구경자보舊庚子譜가 간행되다.

1785년_{정조 9년}

- 청권사에 사액하고 어제 제문을 예관으로 하여금 치제하다.

1789년_{정조 13년}

- 정조로부터 '청권사淸權祠'란 사당의 편액'篇額'을 하사 받고 치제 하다.(편액 글씨는 판서 서명균徐明均이 쓰다.)

청권사 사당 현판 (글씨 : 서명균)

1806년_{순조 6년}

- 가묘를 고쳐 기양서원岐陽書院이라 하고, 양령·효령 두 대군의 위패를 봉인하다.

1810년 순조 10년

- 기양서원을 함창으로 이건하다.

1824년 순조 24년

- 흥선대원군의 서원·사원 철폐 정책에 따라 기양서원이 훼철되다.

1840년 헌종 6년

- 청권사를 2차 개수하고 환안축還安祝을 15대손 돈영敦榮이 짓다.

1844년 헌종 10년

- 대군 관련 글들을 모은《청권집유淸權輯遺》를 간행하다.

청권사 사당

1852년 철종 3년

- 4월, 임금이 건원릉에 거둥할 때 예관 이동욱을 청권사에 보내어 치제하다.

1860년 철종 11년

- 제17대 종손 종택鐘澤이 후사 없이 타계他界하여 강준康準이 제18대 종손으로 입양하다.

1865년 고종 2년

- 4월 3일, 효령대군 위패를 세종 묘정廟庭에 배향하다.

1873년 고종 10년

- 청권사를 중건하면서 편액篇額의 일그러진 글자를 고치고 수정하여 그 사유를 편액 후면에 기록하여 달다.

1879년 고종 16년

- 태안사에 위치한 대군의 영당影堂이 실화로 말미암아 소실되다.

1888년 고종 25년

- 함흥에 돈하공敦夏公이 비명을 지어 향헌비를 세우다.

1896년 고종 33년

- 1월, 문경 왕릉에서 종친 이강년李康秊이 을미의병을 일으키자 종가댁이 피난가다.

1902년 고종 광무 6년

- 대군의 신도비를 세우다.

곡성 태안사

1909년 순종 융희 3년

· 《청권집유淸權輯遺》속편을 간행하다.

1915년

· 6월 24일, 제19대 종손 정재貞宰 공이 후사없이 타계하다.

1917년

· 청권사를 중수하다.

1928년 戊辰

· 윤 2월 17일, 제20대 종손 수영秀英 공이 후사없이 타계하다.

1929년 己巳

· 8월 9일, 강준康準 제18대 종손이 별세하다.

효령대군 신도비

1934년甲戌

- 문경 가은읍 왕릉리 사당祠堂에 배향된 신주를 상주 오태리
  의 현재 위치로 옮겨 짓다.

1970년

- 7월 10일, 청권사가 사단법인으로 인가 받다.

1972년

- 청권사가 서울시 유형 문화제 제13호로 지정되다.

1973년

- 상주 오태리 사당의 신주를 서울 방배동 청권사로 이안하고,
  오태리 사당을 효령대군 영당孝寧大君 影堂으로 개칭하다.

1989년

- 망원정을 복원復元 하고, 희우정 喜雨亭 간판을 누각 안에 걸다.

효령대군

1판 1쇄 인쇄 2025년 4월 10일
1판 1쇄 발행 2025년 4월 15일

지은이 이복규
펴낸이 이윤규

펴낸곳 유아이북스
출판등록 2012년 4월 2일
주소 (우) 서울시 용산구 효창원로 64길 6
전화 (02) 704-2521
팩스 (02) 715-3536
이메일 uibooks@uibooks.co.kr

ISBN 979-11-6322-166-1 (03990)
값 18,800원